本書では、第1章「恋焦がれて」にはじまり、「恋のかけひき・別れ」「失恋と傷心のおくすり」「恋愛と結婚のリアル」「幸せになるために」……など、恋の場面にあわせてラブレターや名言を章立てしてみました。

身勝手なアーティストが好きな人を思いやり、作家が恋におぼれ、強権な政治家が妻を敬い、英雄が会いたいと甘える。誰もが恋い焦がれたり、恋を失って落ち込んだりしながら、自分らしく恋をする姿がうかがえます。そして、相手に思いを伝えるために書かれたラブレターは、どれも大切に言葉が選ばれていて、気持ちを伝えるお手本のようです。

『星の王子さま』のイラストが思いを伝えるサン＝テグジュペリの手紙には「さみしいね……電話しようなんて思ってもくれないのかな……」と、誰しも憶えがあるであろう孤独感がサラリと書かれています。真っ直ぐに好きな気持ちが伝わってくるのは、チャールズ・イームズが書いた「すごくすごく、スグにでもキミと結婚したいんだ」という女性にとってうれしいひと言。

マリリン・モンローがジョン.F.ケネディに宛てた有名なラブレター「あなたを愛させて　さもなければ死を」は、愛か死かという究極の表現。竹久夢二の「待てど暮らせど来ぬ人を　宵待草のやるせなさ　今宵は月も出ぬそうな」は、結婚してしまった女性への行き場のない思いを詩に託したもの。

恋しい人にキスを届けたいルイス・キャロル、ガールフレンドへの謝罪レターを授業中ノートに書いたマイケル・ジョーダン、亡くなった恋人に語りかけるキャサリン・ヘップバーン。そして、テイラー・スウィフト、アインシュタイン、ジョン・レノン——ラブレターや名言や歌詞には、それぞれの気持ちが詩的につづられています。

こうしたスローな手紙や言葉を書くのは、相手のことを思い浮かべるゆったりと贅沢な時間。ほんのひと言「好き」と伝えればいいだけなのに、一晩かかってその言葉にたどり着いたり、日常のことを書き連ねるふりをして思いを溶け込ませたり。シンプルな言葉を書くまでには、すごく複雑な感情が入り乱れているものでしょう。

そこには、私たちが機械を通じてサッとすませてしまうメールやSNSとは異質な時間の流れや、人の手を介した心の通い合いが読み取れることと思います。

恋をしたい人、恋をしている人、恋をサボッている人、愛情を疑う人、それから愛を育みたい人……先人たちが生きた時代の中で、一文字一文字書きつづった言葉の中から、琴線にふれる表現を見つけてみてください。
この本が、みなさんの恋や人生をさらに豊かなものにする一助となれたら幸いです。

CONTENTS

002 Prologue

008 第1章　恋焦がれて
Desperately in Love

030 第2章　恋に落ちて
Falling in Love

054 第3章　ボディ＆ソウル
Body and Soul

072 第4章　不安とやり場のない思い
No Place For My Uncertainty

094 第5章　恋のかけひき・別れ
Love Games and Breakups

110 Column 1 万葉集　男と女の問答歌
Dialogue poem between a man and a woman.

112 第6章　失恋と傷心のおくすり
Remedy for a Broken Heart

128 Column 2 失恋に効く名言サプリ
Quotation of medicine to work on your heartbreak

130 第7章　伝えるカギ〜告白とプロポーズ〜
How to Convey Your Feeling - Owning Up to a Confession and a Proposal

142 第8章　恋愛と結婚のリアル
Reality of Love and Marriage

160 Column 3 愛に疑問を感じた時に効く名言
Quotation that work when I don't feel beloved

162 第9章　男女の真理とラブアフェア
The Truth Between Men and Women and Their Love Affairs

176 Column 4 万葉集　男と女の恋の歌
Dialogue poem between a man and a woman.

178 第10章　幸せになるために〜愛情表現〜
To Be Happy 〜 Express Your Love 〜

200 Epilogue

第1章
恋焦がれて
Desperately in Love

No.1

人生で最もすばらしい癒し それが愛なのだ

Love is the greatest refreshment in life.

パブロ・ピカソ
Pablo Picasso

画家 1881-1973。ジョルジュ・ブラックと共にキュビスムの創始者として知られ、最も多作な美術家としてギネスブックに記されている。代表作に『ゲルニカ』『アヴィニョンの娘たち』『泣く女』などがある。

キスの贈り方
How to send kisses.

３つのキスを贈ります
一つはハートへ
一つは唇へ
一つは瞳へ

I send you three kisses — one on your heart, one on your mouth and one on your eyes.

ナポレオン・ボナパルト
美貌の未亡人・ジョゼフィーヌへ

Napoléon Bonaparte
革命期フランスの軍人・政治家　1769−1821。ナポレオン１世としてフランス第一帝政の皇帝に即位。フランス革命後の混乱を収拾し、軍事独裁政権を樹立。ヨーロッパ大陸の大半を勢力下に置いたが、敗戦で失脚した。

恋多き女性の心をつかんだ
英雄からのラブレター。

貴族の娘ジョゼフィーヌは美貌の持ち主でした。ボアルネ子爵と結婚して子供を2人もうけたものの、子爵はフランス革命中に処刑されてしまいます。ところが、その後も社交界の花形として人生を謳歌。フランス革命期の政治家や軍人の愛人となるなど、恋多き陽気な未亡人でした。そんな最中、年下のナポレオンからの求愛を受けます。ナポレオンは彼女に熱烈なラブレターを送りますが、彼女からは音沙汰がないことも多く「手紙が欲しい」と繰り返しました。このラブレターは、ふたりが結婚する前にナポレオンがジョゼフィーヌに送ったものです。

　3つのキスを贈ります
　一つはハートへ、一つは唇へ、一つは瞳へ

恋焦がれる女性への手紙を書きながら、ナポレオンはまた戦争で勝利をおさめます。ふたりはやがて結婚しますが、互いに愛人を持つような関係が続きます。それでもナポレオンがフランス皇帝となると、ジョゼフィーヌは皇后の座につくことになりました。しかし、子宝に恵まれず、やがてナポレオンに離婚されてしまいます。それでも彼女はナポレオンにとって、よき相談相手であり続けました。その関係は、後妻マリーが嫉妬するほどのもの。ジョゼフィーヌは死ぬまで皇后の称号を保持することが許されました。

恋しい
Missing you!

コヒシイ

I miss you.

太宰 治
のちの愛人・太田静子へ

Osamu Dazai

小説家　1909-1948。主な作品に『走れメロス』『お伽草紙』『人間失格』など。作風から坂口安吾らと共に新戯作派、無頼派と称され、没落貴族を描いた小説『斜陽』は斜陽族という当時の流行語も生み出した。

恋がはじまる
ほんのひと言の魔法。

青森の裕福な家に生まれた太宰治は、東京帝国大学時代に小山初代と結婚するものの、他の女性と心中未遂などを繰り返して離婚。やがて井伏鱒二の紹介で出会った石原美知子と2度目の結婚をします。そして太宰が32歳のときのこと。自分のファンだと手紙をよこす太田静子に「気が向いたら、どうぞ遊びにいらっしゃい」と返事を書いたことをきっかけに、ふたりは出会いました。これは、敗戦5ヵ月後の混乱の中で、まだふたりが関係を持つ前に、太宰が青森から神奈川にいる静子に向けて書いた手紙です。

> 青森は寒くて、それに、何だかイヤに窮屈で、困つてゐます。恋愛でも仕様かと思つて、或る人を、ひそかに思つてゐたら、十日ばかり経つうちに、ちつとも恋ひしくなくなつて困りました。旅行の出来ないのは、いちばん困ります。僕はタバコを一万円ちかく買つて、一文無しになりました。一ばんおいしいタバコを十個だけ、けふ、押入れの棚にかくしました。一ばんいいひととして、ひつそり命がけで生きてゐて下さい。　　　　　　　　　　　　　コヒシイ

文学少女だった静子の心をくすぐるような文章の最後には、この時代にしてはシャレた、そして今でもズキンとくるような「コヒシイ」の文字。どっぷりと恋に落ちる一歩手前に、照れを隠しながらも、仄かな思いが感じられるラブレターです。

第1章　恋焦がれて

片思い
One-sided love

どんなにあなたを思っても
振り向いてくれないと
わかっているのに
なぜこんなに
あなたに恋しちゃうのかな

Even though I love you so much,
I know that you'll never turn to me.
I don't know why I can't stop loving you.

<small>おおとものさかのうえのいらつめ</small>
大伴坂上郎女
『万葉集』より

Otomo no Sakanouenoiratsume

『万葉集』第三〜四期の代表的歌人　生没年不詳。大伴安麻呂と石川命婦の娘。大伴旅人の異母妹で、大伴家持の叔母であり姑。『万葉集』には長歌・短歌合わせて84首が収録され、額田王以後最大の女性歌人。

片思いの揺れる気持ちは
千年も続く恋の法則。

　思へども　験（しるし）もなしと　知るものを
　なにかここだく　あが恋ひ渡る^{*1}

『万葉集』の代表的女流歌人の一人で、女流歌人の中では最も多くの歌が収録されている大伴坂上郎女。恋多き女性といわれつつ、『万葉集』の編纂にも関わったとされる才女でもありました。穂積皇子（ほづみのみこ）の妻となったものの、夫の死去後は藤原麻呂（ふじわらのまろ）と恋愛関係に。恋しい男性が、馬に乗ってさっそうと現れるのを心待ちにするなど、揺れる気持ちがうかがえる数々の歌が残されています。

　来るといったのに来ないときもあって
　来ないはずが来るなんて……^{*2}

こんな風に恋する相手を待つもどかしさが伝わる歌を詠んだかと思うと、女性のうつろいやすい気持ちも表しています。

　あんな人に　もう恋しないと言っていたのに
　私の心は　なんて変わりやすいのかな^{*3}

うつろう気持ちと裏腹に、恋は今も昔も変わりないようです。

*1　験もなしと―甲斐もないと／なにかここだく―なぜこうも甚だしく／恋ひ渡る―恋し続ける　*2（原文）来むといふも　来ぬ時あるを　来じといふを　来むとは待たじ　来じといふものを　*3（原文）思はじと　言ひてしものを　朱華色（はねず）の　変（うつ）ひやすき　わが心かも

第1章　恋焦がれて

ただ、逢いたい
I just want to see you.

話したいことよりも何よりも
たゞ逢ふために逢ひたい

More than talking or anything,
I just want to see you to see you.

竹久夢二
恋人・笠井彦乃へ

Yumeji Takehisa

画家・詩人　1884 – 1934。抒情的な作品が「夢二式美人」と呼ばれる大正ロマンを代表する画家。文筆でも活躍し、詩『宵待草』は全国的な愛唱曲に。近代グラフィック・デザインの草分けのひとりでもある。

まっすぐな言葉が
ズキンと心に刺さります。

逢いたい気持ちをどう伝えるか……。「逢いたい」を1000回繰り返すよりも、「ただ逢うために逢いたい」のひと言が心に刺さります。これは京都に移った夢二が、東京にいる恋人の彦乃に書いた手紙からの一節です。

「考えのうへではいつも近いとおもふけれど　やっぱり手にふれるやわ肌は遠い」「理屈はなしに逢ひたい」「ほんのちよつとでも逢ひたい」

と書き連ねる中で、

「こんなに切ないおもひで淋しがったことは　私はおぼえない」「何よりもたゞ逢ふために逢ひたい」

と綴っています。親の反対を押し切ってふたりは一緒になるものの、彦乃は結核でこの世を去りました――。ところが、夢二の女性遍歴は続きます。女性と共に暮らすものの、結局は長続きせずに破局が訪れ、次の恋を探しにいく繰り返し。恋に求めるのは生活や現実ではない"夢"。女性に"美"を求める画家であり、夢を追う芸術家の感性が、女性への"幻想"を抱かせ続けたのかもしれません。だからこそ、いつも恋にのめり込み、ただ逢うために逢いたいと、駄々っ子のように真っ直ぐに気持ちを表現します。そんな夢二を、数々の女性たちが受け入れていきました。

会いたい
I miss you.

会つて 話をする事もないけれど
唯まあ会つて 一(いっ)しょに
ゐたいのです へんですかね
どうもへんだけれど
そんな気がするのです
笑つちやいけません

I know there is nothing to talk about, but I just want to be with you.
Sound strange? I know, but I just feel like seeing you. Don't laugh at me.

芥川龍之介
のちの妻・塚本文へ

Ryunosuke Akutagawa

小説家　1892－1927。『芋粥』『藪の中』『地獄変』など、『今昔物語集』『宇治拾遺物語』といった古典から題材をとったものが多い。『蜘蛛の糸』『杜子春』といった児童向けの作品も書いている。

恋のモヤモヤを書きだすと
本質が見えてくるもの。

芥川龍之介がはじめて友人の姪である塚本文に出会ったのは、龍之介16歳、文が8歳のときのことでした。やがて17歳になった文に対する「ただ会いたい」という気持ちを消化しきれずに、「どうもへん」と表現します。そしてモヤモヤと処理しきれない気持ちを書きだしたのが、このラブレターです。

　会つて、話をする事もないけれど、唯まあ会つて、一しょにゐたいのです。へんですかね。どうもへんだけれど、そんな気がするのです。笑つちやいけません。それからまだ妙なのは、文ちやんの顔を想像する時、いつも想像に浮ぶ顔が一つきまつてゐる事です。どんな顔と云つて　云ひやうがありませんが、まあ微笑してゐる顔ですね。（略）ボクはすべて幸福な時に、一番不幸な事を考へます　さうして万一不幸になつた時の心の訓練をやつて見ます　その一つは文ちやんがボクの所へ来なくなる事ですよ。（略）もう遅いから（午前一時）、やめます。文ちやんはもうねてゐるでせう。ねてゐるのが見えるやうな気がします。もしそこにボクがゐたら、いい夢を見るおまじなひに　そうつと瞼(まぶた)の上を撫でてあげます

やさしい気持ちあふれる手紙は、のちに妻となる人に送られたものでした。

愛を感じて
To make you feel my love

僕が君を想うのと同じくらい
君に想われることができるなら

I hope you love me as much as I love you.

ヴィクトル＝マリー・ユーゴー
幼なじみの恋人・アデール・フシェへ

Victor-Marie Hugo
詩人・小説家　1802－1885。代表作に『ノートル＝ダム・ド・パリ』『レ・ミゼラブル』など。ナポレオンが独裁体制を樹立し、反対派への弾圧をはじめるとユーゴーも対象となり、ベルギーへと亡命する。

恋をしている幸福感は
「あなたを想う」のひと言で満たされる。

フランスの動乱の時代に青春期を過ごした、ロマン派の文豪ユーゴーは、幼なじみのアデール・フシェと恋に落ちました。ユーゴーの文学的な才能を大切に育てたい彼の両親は、彼女との結婚に猛反対したものの、ふたりの恋する気持ちは変わりません。

> もし僕がこの人生を君の足下に投げ出し、僕が幸せなのと同じくらい君を幸せにし、僕が君を想うのと同じくらい君に想われることができるなら、きっと僕は幸せのあまり頭がおかしくなってしまうだろう。ああ！ 君の手紙ですっかり穏やかな心を取り戻すことができ、今夜は君の言葉で幸せがあふれている。アデール、僕の愛する天使。

好きな相手のことを考えるだけで幸福感に満たされる。大切な相手を幸せにしたいし、自分が想うほど強く相手にも想ってもらいたい……そんな恋する気持ちが、ユーゴーにあふれかえるほどの幸せの連鎖を生み出します。両親の反対でなかなか結婚できないユーゴーでしたが、母親が他界したのちにアデールと結婚し、5人の子供に恵まれました。ところが、ユーゴーはほかの女性と関係を持ち、アデールもまた愛人を作るようになっていきます。そして、恋焦がれた相手への思いが家族愛に変わることはないまま、ふたりの恋は幕を閉じました。

おじゃましてごめんなさい
I'm sorry to bother you.

No. 08

おじゃましてごめんなさい……
ただ こんにちは
といいたかっただけなんです！

I'm sorry to bother you, but…just would like to say "Hi".

アントワーヌ・ド・サン゠テグジュペリ
名前の明かされない女性へ

Antoine de Saint-Exupéry

フランスの作家・飛行士　1900-1944。郵便輸送パイロットとして活動後、偵察飛行士に。コルシカ島から偵察飛行に出て消息を絶つ。代表作に『夜間飛行』『人間の土地』。『星の王子さま』は世界各国で愛読されている。

恋する男はいつでも
少年のように純粋なのです。

サン＝テグジュペリは、第二次世界大戦の最中に飛行士として活躍しながら文章をしたためていました。やがて志願して北アフリカに渡り、偵察飛行士として活躍。そこで出会ったのが、このラブレターの受取人でした。40歳を過ぎて20代の人妻に恋をして、しがみつくように愛を求めながらも飛行を続け、恋の最中に、この世を去りました。手紙には、『星の王子さま』のイラストを添えて、甘えるように共感を求めた言葉を綴りました。ところが、そんな甘い言葉とは裏腹に、こんな文章も残っていました――。

> 戦争で殺されたとしても、わたしにはどうでもいいことです。わたしが愛した物の中で何がのこるでしょうか？　人間についてばかりではなく、さまざまな習慣、かけがえのない音の抑揚、あらゆる精神面の輝きも含めてです。オリーブの樹の下や、プロヴァンス地方の農家での昼食や、またヘンデルの音楽についてもです。ただ存続してゆくだけの事物など、私にはどうでもいいのです。価値があるのは、物事の整った姿です。文明とは目に見えない絆なのです。

20歳も年下の名前の明かされない女性に絆を求めたサン＝テグジュペリ。戦争や文明について思いを巡らせながらも、心に残っていた少年のような純粋さが最後の恋を生み出しました。

愛しい人へ
To my dearest beloved

僕の天使　僕のすべて
僕自身——

My angel, my all, my own self——

ルートヴィヒ・ヴァン・ベートーヴェン
「不滅の恋人」へ

Ludwig van Beethoven

作曲家　1770 - 1827。古典派音楽の集大成かつロマン派音楽の先駆け。聴力を失った作曲家としても知られる。代表作に交響曲第五番『運命』、第九番『合唱付き』、ピアノソナタ『悲愴』、『エリーゼのために』など。

希望の光を求めるように
全身全霊をささげた恋。

ベートーヴェンは当時世間を賑わせていた若き日の天才音楽家ヴォルフガング・アマデウス・モーツァルトにあやかった音楽教育を受け、10代で「早熟の天才」と呼ばれました。モーツァルトに面会した時に弟子入りを志願するものの、母の病気で断念。それでもハイドンに師事するなど、音楽家になるためには恵まれた豊かな環境で育ちます。ところが、のちに音楽家にとって致命的ともいえる聴覚障害に悩まされることに。自殺を考えるほどの破滅的な気分に落ち込みながら、作曲に専念して生きる道を模索していきます。そんな中での恋は、貴族の娘や夫人など、手が届かない女性ばかりでした。ベートーヴェンの死後に見つかった3通のラブレターからは、全身全霊でその人を愛しながらも叶わぬ思いが感じられます。

> 僕の天使、僕のすべて、僕自身──（中略）僕たちのこの愛は、犠牲を払ったり、何も欲さぬことでしか続かないのだろうか。君が永遠に僕のものではなく、僕が永遠に君のものではないということ、これを君は変えられるだろうか。

投函されなかったラブレターの宛名には「不滅の恋人」へと書かれているだけで、書いた年も定かではありません。道ならぬ恋であったがために、ベートーヴェンが意図して宛名をぼかしたのではないかとも、ささやかれています。

心から君が必要だ
I need you desperately.

愛しい人よ
君に出会う前
ぼくはひとりで
どうやって
生きていられたのだろう

How was I able to live alone before, my little everything?

アルベルト・アインシュタイン
大学の同僚・ミレバ・マリッチへ

Albert Einstein

理論物理学者　1879－1955。20世紀最大の物理学者、「現代物理学の父」の異名をとる。特殊相対性理論と一般相対性理論が特に有名。光量子仮説に基づく光電効果の理論的解明で1921年ノーベル物理学賞を受賞。

君なしでは僕の人生は成立しない。
心のカケラを見つけた瞬間。

アルベルト・アインシュタインは、スイス連邦工科大学チューリヒ校在学中に3歳年上のミレバ・マリッチに出会いました。彼女は同じ物理学を専攻する唯一の女性で、とても聡明で精神的にも大人。アインシュタインはそんなミレバに魅かれていきました。彼女は親友であり、同僚であり、自分のクリエイティブな発想の源になる存在。アインシュタインはミレバのことを「僕の右腕」とまで呼び、人に「ミレバのほうが知能面も感情面も自分より上だ」と話したそうです。

> 愛しい人よ、君に出会う前、ぼくはひとりで、どうやって、生きていられたのだろう。君なしでは、自信もなければ、仕事への情熱も湧き出ず、人生の楽しみすらない。つまり、君がいなければ僕の人生は人生たりえない。（中略）愛する人よ、結婚したら一緒に科学の研究を続けよう。教養のない俗物として、年をとりたくないからね。今、きみ以外の人はすべて、目に見えない壁の向こうにいるようでよそよそしく感じるんだ。

アインシュタインはパートナーとしてミレバを必要だと感じ、1903年に結婚。1905年に特殊相対性理論を発表します。そんな夫の成功の裏には、別の女性の存在が。孤独を感じるミレバ。将来とるであろうノーベル賞の賞金を慰謝料として、ふたりの結婚生活は16年で終わりました。

恋のカオス
Chaos of love

ボクのキスすべてを
丁寧に箱に詰めました
無事に到着したか
ひとつでもなくなっていないか
知らせてください

——*Talking about his kisses*——
So I have packed them all in it very carefully.
Tell me if they come safe or if any are lost on the way.

ルイス・キャロル
恋人・ガートルードへの手紙

Lewis Carroll

数学者、作家　1832-1898。『不思議の国のアリス』の作者として知られ、数学者としてはチャールズ・ドジソン名義で著作を発表。児童文学の域を超え、ホルヘ・ルイス・ボルヘスなど20世紀の作家らに影響を与える。

恋しすぎて支離滅裂なとき、
あふれる想いをユーモアにかえて。

『不思議の国のアリス』の作者・ルイス・キャロルがガートルードへ宛てた手紙には、彼女がいなくなってから体調が悪いと医師に告げるシーンが綴られています。それはまるで、不思議の国に迷い込んだようなカオスな状態。頭の中が好きでいっぱいすぎて、整理されていないようです。

> 君がいなくなってからボクがかかった病気を知ったら、驚き、困って、申し訳なく思うかもしれない。医者に「薬が欲しい」と言ったら、「薬なんかいらないから、とにかく寝なさい」と言われたんだ。*Lewis*「顔が疲れているんです」*Doctor*「それはきっと話しすぎだ」*L*「違うんです（中略）、鼻やあごかもしれません」*Dr.*「あごで歩きでもしたのかね？」*L*「いいえ……」*Dr.*「まったく、君は私をとことん混乱させるよ」

……医者が行き着いた結論は「キスのしすぎ」。キスをしないと気がすまないルイス。医者は「ならば、キスを箱に詰めて彼女に送ったらどうだ」と告げます。アリスの世界に迷い込んだかのような支離滅裂でナンセンスな会話。そしてようやく出てきた思いが「キスを贈りたい」でした。このような手紙を突然もらったら驚くけれど、ルイスという人を知っていたなら、精一杯気の利いた、恋のカオス状態を表現するユーモラスな吐露だとわかります。

第 2 章
恋に落ちて

Falling in Love

No.12

恋に落ちると
眠れなくなるでしょう
だって ようやく現実が
夢より素敵になったんだから

*You know you're in love when you can't fall asleep
because reality is finally better than your dreams.*

ドクター・スース
Dr. Seuss

絵本作家・詩人　1904－1991。幻想的で奇天烈なキャラクターのデザインや、鮮やかな色使い、韻を踏む独特な文章のリズムが作品の特徴。代表作に『グリンチ』など。児童文学の発展に貢献し、1984年ピュリッツァー賞特別賞を受賞した。

もう恋なんてしない
I would never fall in love again.

もう恋なんてしないって
そう思っていたのに
ふと現れた恋が
私につかみかかってきたの

I promised myself that I would never fall in love again.
But, the sudden appearance of love snatched at my heart.

ひろかわのおおきみ
広河女王
『万葉集』より

Hirokawa no Okimi

歌人　生没年不詳。『万葉集』巻四に２首掲載されている女流歌人。穂積親王の孫で、上道王の息女。天平宝字七年（763）１月、従五位下を与えられている。

心をキュッとつかまれた……
恋はいつでも突然なもの。

　　恋は今は　あらじとわれは　思へるを
　　何処の恋そ　つかみかかれる*

もう恋なんてしない……そう思うほど、つらかったはず。それなのに、自分の意思だけではどうにもならないのが、恋というもの。心や体がふいにつかみかかられて、がんじがらめの囚われた状態。また、やられてしまった。いつどこで落ちるかわからない"恋"というものに。じつはこの作者の祖父、穂積皇子が艶っぽい人でした。『万葉集』には、宴で興に乗ると、こんな歌を歌い踊っていたとの注釈がみられます。

　　家にある　櫃に　鑰さし　をさめてし　恋の奴がつかみかかりて（家にある櫃に鉄の鎖をかけて、しっかりと閉じこめておいたはずの恋の奴が、つかみかかってきやがった）。

つまり、しばらく恋なんて忘れていたのに、また恋のヤツがつかみかかってきた……と恋について粋な表現をしていたのです。そして、孫娘も同じ気持ちと同じ言葉で、恋に落ちた瞬間を歌いました。恋のDNAというものは、いつの時代も変わらないようです。

*あらじ―まさか…あるまい。決して…ない／何処の―どこの。どの方向の。方向・場所についていう不定称の指示代名詞／つかみかかれる―いきなり恋に落ちた様を"つかみかかられた"と表現

あなたのことしか考えられない
I can think of nothing but you.

僕は限界まで君に惚れ込んで おかしくなりそうだ

I am nearly mad about you, as much as one can be mad.

オノレ・ド・バルザック
人妻・エヴェリーナへ

Honoré de Balzac

小説家　1799－1850。社会全体を俯瞰する視点を持ちつつ人間の内面を精密に描き、双方を対応させる筆致が特徴。代表作に『ゴリオ爺さん』『谷間の百合』。サマセット・モームは「天才とよぶにふさわしい人物」と評した。

運命の人との出会い。
それは、人生を変える恋愛のはじまり。

バルザックは社交界で知人と楽しく過ごす反面、借金が多く、裕福な夫人たちの情人となっていました。あるとき、バルザックのもとに「異国の女より」とファンレターが届くと、「宛先分からぬまま、直接ご返事差し上げられず、遺憾」と新聞広告を打ち、手紙の主と連絡をとります。相手はエヴェリーナ・ハンスカ。32歳のポーランドの貴族で、夫は50歳を超えていました。数々の情事にふけるバルザックながら、彼女との出会いから「生涯における最大の恋愛」がはじまりました。

> 僕は限界まで君に惚れ込んでおかしくなりそうだ。いつもふたつの考えの間に君がはさまって、考えがまとまらないんだ。君以外の何も考えられない。自分の意思に関係なく、イマジネーションが君のところに行きつくんだ。君を抱きしめ、キスし、愛し、無数のなまめかしい愛情が私をがんじがらめにしている。

出会って8年後にエヴェリーナの夫が亡くなると、バルザックはエヴェリーナとの結婚を望むもののかわされます。その後エヴェリーナはバルザックとの子供を宿しますが死産。それでもふたりは結婚しました。ところが、長い年月がまるで夢だったように、一緒になると関係はうまくいきません。それでもエヴェリーナは病床についたバルザックを見捨てず、彼女に看取られながらバルザックはこの世を去りました。

今までにない恋
The love I've never experienced

こんな恋は
こんど初めて知った

The greatest love I've ever known.

大杉 栄
愛人・伊藤野枝へ

Sakae Osugi

思想家・社会運動家　1885-1923。明治から大正における日本の代表的なアナキスト（無政府主義者）。政府に危険視され、関東大震災の直後に、伊藤野枝とともに憲兵司令部で横死した「甘粕事件」でも知られる。

恋多き男がこぼした本音は
女性にとって媚薬のような口説き文句。

大杉栄は自由恋愛論者だったとされています。そのスタイルは、政治思想以上に革新的でアナーキーでした。堀保子と結婚するも入籍せず、記者の神近市子とも恋仲に。そして、平塚らいてうが『青鞜』編集部を退いたのち、実質の編集長となった伊藤野枝とも愛人関係となりました。3人の女性からは常に経済的援助を受けて四角関係になりながら、少しずつ気持ちは野枝に傾いていったとされています。これは、栄が心も体も持て余し、逢いたい気持ちを熱く綴ったものです。

> ほんとに僕は、幾度も言ったことだが、こんな恋はこんど初めて知った。もう幾ヵ月もの間、むさぼれるだけむさぼって、それでもなお少しも飽くということを知らなかったのだ。というよりはむしろ、むさぼるだけ、ますますもっと深くむさぼりたくなって来るのだ。そしてこのむさぼるということに、ほとんど何等の自制もなくなっているほどなのだ。

栄は、野枝との間に5人の子供を授かりながらも入籍しないまま過ごします。そして愛情が移ったのを嫉妬した市子に刺されて、瀕死の重傷を負うまでに関係がもつれることもありました。のちに栄は、政府に危険思想者とみなされるようになり、「甘粕事件」で野枝とともに殺害されて、この世を去りました。

美しい人へ
You are beautiful.

またいつか
視線を交わせる場面を願って

I hope we shall have occasion to cross eyes again sometime.

マーロン・ブランド
フライトアテンダントへ

Marlon Brando

俳優　1924－2004。演技の世界に革命を起こし、ジェームズ・ディーンやロバート・デ・ニーロらに影響を与えた俳優。映画『波止場』でアカデミー主演男優賞を受賞。ほか代表作に『地獄の黙示録』『ゴッドファーザー』など。

口説くセンスも超一流。
粋な男の手慣れたふうが心地よい。

マーロン・ブランドは、アル・パチーノやエルヴィス・プレスリー、ビートルズなど有名アーティストらに影響を与えた人。『欲望という名の電車』で粗野でセクシーな男を演じてアカデミー賞にノミネートされた名優ながら、共演女優に手を出す、ケンカをするなどトラブルメーカーで一時は過去の人に。ところが、『ラストタンゴ・イン・パリ』『ゴッドファーザー』『地獄の黙示録』などの名作で主役を演じ、名声を取り戻します。そして女性を口説く力も天下一品。たまたま乗り合わせた飛行機のアテンダントに、こんな手紙を渡していました――。

> キミの顔立ちは、なんとも言い尽くせない魅力がある。そう、どこか愛らしく、ただ普通に「かわいい」では表現しきれない。優美で柔らかで、すごく女性らしい。きっと子供時代に大切にされて育ったにちがいない。遺伝子の不思議な現象で、洗練された優雅さ、気品に満ち溢れた身のこなしを与えられたのだろうね。ゴシック調の外見にかかわらず、表情や物腰や振る舞い全体に、どこか人と違ったすばらしさを感じるんだ。短い時間の出会いながらとても心地よかった。元気で、いつかまた視線を交わせることを願っている。

下着をシャツ風に愛用したことからTシャツが広まったといわれるほどの粋な男。その手慣れたふうが心地よい、口説きのラブレターです。

すべてをかけた恋
Bet it all on love.

この恋をとり去ったら
ぼくの命は
なくなってしまいましょう

If you take this love from me, my life will end.

島村抱月
妻子を捨ててまで恋した女優・松井須磨子へ

Hougetsu Shimamura
文芸評論家・作家　1871-1918。坪内逍遙と文芸協会を設立し、松井須磨子との不倫をきっかけに芸術座を結成。舞台『復活』が評判となり、劇中歌『カチューシャの唄』はレコード化され大ヒットした。

自分を"完全"にしてくれる女を
男は愛さずにはいられない。

ヨーロッパ留学ののちに早稲田大学の教授になり、評論家や近代演劇の紹介者として当代一の知識人とされた島村抱月。妻と5人の子供を残して、恋に落ちた女優のもとに走りました。相手は松井須磨子。坪内逍遙の文芸協会演劇研究所第1期生として『人形の家』のノラ役で人気を博していた新劇女優です。とりたてて美人ではないけれど、抱月は自分の欠けた部分を埋めるかのように、向上心が強く行動的な須磨子にのめりこんでいきます。

全くふしぎな恋だとぼくは思う。少なくともぼくにとっては、生まれてはじめてこんなに深く深く胸の底から物を思うようになりました。この恋をとり去ったら、ぼくの命はなくなってしまいましょう。

抱月はこの恋のスキャンダルで大学を去り、須磨子も文芸協会を追われました。ふたりは「芸術座」をおこし、籍は入れないままながら同棲をはじめます。そして皮肉にも『復活』という演目の舞台で大成功をおさめ、須磨子は大女優になっていきました。そんなある日、抱月はインフルエンザをこじらせて肺炎でこの世を去ります。そのとき舞台に立っていた須磨子は、翌年、抱月からもらった緋色の腰ひもを使って後追いをします。それは、抱月が47歳、須磨子32歳のときのことでした。

恋の種類
Kinds of love

恋愛には４つの種類がある
情熱の恋、趣味の恋
肉体の恋、虚栄の恋

There are four different kinds of love:
Passionate Love, Mannered Love, Physical Love , Vanity-Love.

スタンダール
『恋愛論』より

Stendhal

作家　1783-1842。ナポレオン・ボナパルトの下で軍人となるが、ナポレオン没落後はジャーナリスト、作家として活動。39歳で随筆集『恋愛論』を発表。ほか代表作に『赤と黒』『パルムの僧院』などがある。

飾らない姿を受け入れるときが
恋から愛に変わるとき。

スタンダールは、恋愛には４種類あるとしています。

情熱の恋：心の底からとにかく好きだという恋

趣味の恋：その人自身よりも、相手の職業などに興味のある恋

肉体の恋：体が求めて離れない恋

虚栄の恋：相手の地位や名誉に憧れ、尊敬の念を持つからこそ好きになる恋

純粋にその人を好きなのか、付随するものも含めてか、あるいは周りのものが必要なのか……。"恋に何を求めるか"はさまざまでも、恋であることに変わりありません。そして恋は、こんな７つの過程をたどっていきます。感嘆→自問→希望→恋の発生→第１の結晶作用→疑惑→第２の結晶作用。「素敵だな」と思い、「あの人とキスしたいかな」などと自分に問いかけ、美点だけが見えはじめ……恋心が芽生えていく。そうして、やがて生まれる"恋愛の結晶作用"。スタンダールは『恋愛論』の中でこれを「ザルツブルクの小枝」に例えています。ザルツブルクの塩坑に枯れ枝を投げ込むと、２〜３ヵ月で小枝は美しくキラキラ光る塩の結晶におおわれます。恋をしたことで相手を美化する結晶作用。やがて結晶ははがれ落ち、再び枯れ枝が現れる。再び現れた枯れ枝の姿にも愛おしさを感じられる関係に育てるのが"愛"というものではないでしょうか。

恋に落ちた理由
The reason for falling in love

人が恋に落ちるのは
万有引力のせいではない

Gravitation cannot be held responsible for people falling in love.

アルベルト・アインシュタイン
アインシュタインが残した恋に関する言葉

Albert Einstein

理論物理学者　1879 – 1955。20世紀最大の物理学者、「現代物理学の父」の異名をとる。特殊相対性理論と一般相対性理論が特に有名。光量子仮説に基づく光電効果の理論的解明で1921年ノーベル物理学賞を受賞。

アインシュタインにすら
解けない恋の方程式。

万有引力の法則を簡単に言うと、「全てのものは引き合っている」ことを示す法則。つまり「ふたつのものがある時、そこにはいつもくっつこうとする力が働いている」というわけです。その昔、アイザック・ニュートンが、リンゴが木から落ちるのをぼんやりと見ていて、はっと思いついたとされるのが万有引力の法則でした。万有引力は、ふたつの物の重さが重くなるほど強く引き合い、距離が離れるほどその力は弱くなってしまいます。地球はリンゴよりもはるかに重いので、リンゴは地球に引き付けられて地面に落ちるというわけです。互いの存在がしっかりと重みがあるうちは引き合い、距離が離れると引き合う力が弱くなる……それはまるで恋のように。でも、「万有引力とは重力場という時空の歪みである」と説明した物理学者のアインシュタインは、こんな風に断言します。

　人が恋に落ちるのは万有引力のせいではない。

物理学的な法則よりも、もっと生の感情がぶつかり合い、引き合い、惹かれ合う、そういう力が働くのが恋。計算式などにはあてはまらない、生物固有の複雑な感情が生み出すものでありながら、ただ「好き」という感情以上の何物でもなく、単純ですらあるのが恋の法則なのです。

恋せずにはいられない
Can't stop loving you!

その実は 恋しくて
たまらぬのだけれども
恋は止めます

Although I actually miss you so much,
I'll stop loving you.

斎藤茂吉
道ならぬ恋の相手へ

Mokichi Saito

歌人・精神科医　1882-1953。伊藤左千夫門下であり、大正から昭和前期にかけての短歌結社誌『アララギ』の中心人物。代表作に『赤光』『あらたま』など。研究書や随筆も数多く残した。長男は斎藤茂太、次男は北杜夫。

送った手紙を焼いてほしい男。
愛された記憶を残したい女。

50歳を過ぎた茂吉は、妻のある身でありながら25歳の永井ふさ子に恋をしました。茂吉は「必ず焼いてほしい」と望みながらたくさんの手紙を綴ります。ところが、ふさ子は30通ほどは焼きながら、多くは大切にとっておきました。

> 「今恋をしてゐますか」といはれたら、「もう恋などはいたして居りません」と微笑して下さい。決してまごまごなどしてはなりません。もし、さうしなかつたら、僕はもう、ふさ子さんを恋しない
> (その実は恋しくてたまらぬのだけれども。恋は止めます)

道ならぬ恋。人目を忍ぶ仲のため、周囲に知られまいとする茂吉の気持ちが感じられます。人に話したら君のことなど好きではなくなるといいながらも、本当は恋しくてたまらないと心情を吐露する茂吉の気持ちの波。それから相手を思いやりつつ、美しくいてほしい茂吉の男性らしい自我も綴られていました。

> 支那御料理のお稽古大賛成です。体を規律的に使ふこと、おいしいものを召しあがること、大切中の大切也。さうすれば、もつともつと美しくなります。

ふさ子もまた、自分を思ってくれ、ときに駄々っ子のように気持ちを伝えてくる、愛しい人からの手紙を焼くのは忍びなかったのでしょう。焼けなかった手紙に、押し殺せなかった感情の機微が読み取れます。

永遠に愛する
Love forever

ボクは初めて恋に落ちた

I'm in love for the first time.

ジョン・レノン
『Don't Let Me Down』より

John Lennon

アーティスト 1940-1980。ザ・ビートルズのメンバーでヴォーカル・ギターを担当。多数の作詞作曲をした。オノ・ヨーコの個展で彼女と知り合い結婚。凶弾に倒れ40歳で生涯を閉じた。

永遠に続く思いの
はじまりを告げる恋の歌。

ある日ジョンがアートの個展に出かけると、その作品を手掛けたアーティストのヨーコに出会います。そして、ふたりはすぐに恋に落ちました。共に前衛的な音楽活動やパフォーマンスを行い、共同でアルバムも制作。ジョンはヨーコに捧げたラブ・バラードも発表し、やがてふたりはジブラルタルで結婚しました。ポール・マッカートニーと共作名義ながら、実際にはジョンがひとりで作ったとされる『Don't Let Me Down』は、愛しいヨーコに向けたメッセージ。タイトル名は「ボクをがっかりさせないで」「悲しませないで」……といったニュアンスの言葉です。

　ボクは初めて恋に落ちた
　この恋はずっと続くってわかるだろう
　これは永遠に続く恋なんだ
　今までにない恋なんだ

世界の大スターがすがるような思いで書いた歌詞は、彼女を失いたくない、一緒にいたい、という気持ちを込めたもの。「初めて」の、「今までにない」、「ずっと続く」……恋。ありきたりではない永遠の思いを表現した歌詞は、恋人たちに起こりがちな"別れというエンディング"を避けたいという一心で、先手を打ったラブレターです。

あふれる想い
Overflowing feelings

郵便配達のラッパは
極上のシャンパンのように
魔法の力があるんだ

The horn of the postman has awakened me. Postmen, my dear Clara, have,
by the way, as magical an effect on me as the most excellent champagne.

ロベルト・シューマン
ピアノの師の娘・クララへ

Robert Alexander Schumann
作曲家・音楽評論家　1810-1856。ロマン派音楽を代表する作曲家のひとり。『ピアノ協奏曲 イ短調op.54』や『子供の情景』の「トロイメライ」などが広く知られる。ピアニスト、クララ・シューマンは妻。

待ち焦がれる思いを伝える感性が
優しく心に響きます。

ロマン派音楽を代表する作曲家のロベルト・シューマンは、ピアノの師の娘で9歳年下のクララに出会った瞬間、恋に落ちました。これは、シューマンがまだ15歳だったクララに宛てた手紙です。

> 今日郵便配達のラッパの音で目覚めてから、僕の頭の中はウィットに富んだ夢でいっぱいだ。大切なクララ、それは極上のシャンパンのように、僕にとっては魔法の力があるんだよ。郵便配達が楽しげに吹き鳴らすラッパの音を聞き、何も感じない人もいれば、愉快で軽やかな気持ちになる人だっている。あのラッパは僕にとって心から待ち望んだワルツであり、まだ手にしていない何かを心に抱かせてくれる──。

手紙しか通信手段のなかった時代。恋しい人からの便りを届けてくれる郵便配達のラッパは、シューマンにとっては心躍る音色であり、彼女への思いに酔わせてくれる楽しみが訪れた知らせでした。喜びに沸き上がる純粋な気持ち。それを、黄金色のシャンパンやワルツなどの優美なモチーフに置き換えて、感情を揺さぶる表現で伝えています。この手紙から6年後、親の猛反対を押し切り、クララの父親と裁判を起こしてまでふたりは結婚しました。

恋をしました
Admitting that I fell in love

これはもう恋愛というより名づけようがない

You can't call it anything but love.

新美南吉
同僚・山田梅子へ

Nankichi Niimi

児童文学作家　1913-1943。雑誌『赤い鳥』の出身作家の一人であり、代表作『ごんぎつね』はこの雑誌に掲載されたのが初出。ほかの作品に『手袋を買いに』など。29歳の若さで結核で亡くなり、生涯独身だった。

心からこぼれ落ちる思い
潔く認めたら、それは"恋"でした。

幼くして母を失った新美南吉は、養子に出されるなど寂しい幼少期を送りました。そんな経験を糧に18歳で童話『ごんぎつね』を世に出します。物語性豊かでユーモアとペーソスに満ちた作品には、心の通い合いや美しい生き方が描かれ、人情味にあふれています。南吉は、そんな作品を書きながら24歳のとき臨時の職員として小学校の代用教員となり、同じ学校で代用教員をしていた梅子と出会いました。梅子は短歌を愛好する活発な女性。職員室での机も南吉と隣同士で、南吉に弁当のおかずをわけてやるような仲だったそうです。学校帰りはいつもふたりで並んで歩き、子供のことや短歌の話をし、やがて南吉が梅子の家を訪れるようになりました。ところが、代用教員の任期は４ヵ月程度。南吉は夏休みから失業するというのに、梅子への想いは消えることなくさらに高まっていく……。

　これはやはり恋愛です　どうも致し方ない僕はかぶとをぬぎますが
　これはもう恋愛というより名づけようがない

やがて南吉は、梅子との結婚にも思いをはせるようになります。

　われわれは出来たら結婚しよう。たとい不幸に終ろうとも、こゝまで来た以上そうするより他ないのです。

思いはあふれんばかり。恋する気持ちをもてあまして手紙に託したふうが、言葉に滲みでています。

第 3 章
ボディ&ソウル

Body and Soul

No.24

ふたりの人間の出会いは
２種類の化学物質が
接触したようなもの
化学反応が起これば
何かに変わっていく

The meeting of two personalities is like the contact of two chemical substances: if there is any reaction, both are transformed.

カール・ユング

C. G. Jung

精神科医・サイコセラピスト　1875-1961。深層心理について研究し、分析心理学（通称・ユング心理学）を創始。個人的な無意識にとどまらず、人類に共通しているとされる集合的無意識の分析も行った。

命をかけて迫る恋
Stake your fate on this love.

あなたはしつかりと
　私の魂を抱いてて下さるのよ

You hold my soul so tight.

柳原白蓮
帝大生・宮崎龍介へ

Byakuren Yanagihara

歌人　1885－1967。柳原前光伯爵の次女。父・前光の妹の愛子は大正天皇の生母で白蓮は大正天皇の従妹にあたる。14歳で最初の結婚をし、26歳で炭鉱王・伊藤伝右衛門に嫁ぐ。大学生と駆け落ちし「白蓮事件」を起こす。

私以外の女性には手を触れないで、と激しく迫る恋文です。

白蓮が26歳の時、25歳年上の炭鉱王・伊藤伝右衛門と政略結婚をさせられます。つまり、白蓮は金で買われた飾り人形にすぎませんでした。そんな白蓮の前に、7歳年下の帝大生・宮崎龍介が現れます。若い社会運動家の龍介と、美貌の人妻・白蓮は互いに夢中になり、白蓮は大阪朝日新聞に"伝右衛門氏へ燁子(あきこ)(本名)最後の手紙"と題した絶縁状を発表。人生を賭けての恋という大事に挑み、一大スキャンダルを巻き起こしました。

> 愛無き結婚が生んだ不遇とこの不遇から受けた痛手のために、私の生涯は所詮暗い帳の中に終るものだと諦めた事もありました
> 然し幸にして私には一人の愛する人が与へられ　そして私はその愛によつて今復活しやうとしてゐるのであります

この絶縁状よりも前に、白蓮は龍介にこんな手紙を送っています。それは恋文の粋を超え、命をかけて迫る内容でした。

> 人の情けと世の無情が悲しくつらい。どうぞ私を私の魂をしつかり抱いてて下さいよ。あなた決して他の女の唇には手もふれては下さるなよ。女の肉を思つては下さるなよ。あなたはしつかりと私の魂を抱いてて下さるのよ。きつとよ。少しの間もおろそかな考へを持つて下さるなよ。

しっかりつかみ、つかんでいて欲しい想い。やがて結ばれたふたりは、龍介が白蓮を看取るまで仲睦まじく暮らしました。

愛し合うために
To Love each other

私の体の微細な粒子すら
あなたのもの
それは呼応しあって
震えるから
お互いに愛し合えるの

The atoms of my body are yours and they vibrate together so that we love each other.

フリーダ・カーロ
恋人・ディエゴ・リベラへ

Frida Kahlo

画家　1907－1954。メキシコ現代絵画を代表する画家、民族芸術の第一人者。200点を超える作品の大半が太い眉が特徴的な自画像だった。画家ディエゴ・リベラを慕い結婚するが、イサム・ノグチらとも関係を持った。

昨晩の熱が体から抜けないうちに
伝えたい愛する想い。

駆け出しの画家のフリーダは、壁画家としても有名だったディエゴ・リベラを訪ねるうちに、恋に落ちました。ふたりは互いのために生まれたと信じ、忠誠を誓い合い、結婚にたどり着きます。ディエゴに性的魅力を感じたフリーダは、彼に魅かれる様子をこんな一節に残しています。体から昨晩の熱が抜けないままに書かれたふうながら、性的なニュアンスよりも、思いやりを感じさせる内容です——。

> 昨晩、まるで体中を翼で撫でられたかのように感じたの。まるであなたの指先に口があって、肌にキスをしたかのよう。私の体の微細な粒子すらあなたのもの。それは呼応しあって震えるから、お互いに愛し合えるの。あなたを愛するために生き、強くなりたい。あなたにふさわしい優しさを与え、私の体内のあらゆる善良さをあなたにあげる。だから、あなたは決して孤独を感じることはないわ。

ディエゴはフリーダを連れてニューヨークやサンフランシスコなどで壁画を描きながらアメリカを旅し、行く先々で情事にふけります。そんな旅の途中でフリーダは妊娠するものの、若い頃のバス事故の影響もあり流産——さまざまな試練がふりかかりながら、互いを認め合う芸術家として、体を求める男女として、ふたりのパートナーシップは出会いからフリーダの死まで続きました。

あなたなしではいられない
I can't live without you.

貴女を抱かずには
一晩たりとも過ごさぬ

I have not spent a night without embracing you.

ナポレオン・ボナパルト
妻・ジョゼフィーヌへ

Napoléon Bonaparte

革命期フランスの軍人・政治家　1769 – 1821。ナポレオン1世としてフランス第一帝政の皇帝に即位。フランス革命後の混乱を収拾し、軍事独裁政権を樹立。ヨーロッパ大陸の大半を勢力下に置いたが、敗戦で失脚。

恋から湧き上がるのは
すべてをつき動かすエネルギー。

16歳で砲兵士官になったナポレオン。4年後にフランス革命が勃発し、やがて指揮官として手腕を発揮するようになります。連戦連勝で英雄となって力を強め、35歳でナポレオン法典を公布し、ついにはフランスの皇帝に即位しました。一方で、27歳のときには没落した貴族の娘で子爵の未亡人でもある、33歳のジョゼフィーヌ・ド・ボアルネと結婚しました。軍事作戦で名を高めながらも、ナポレオンはジョゼフィーヌを求めて戦地から手紙を書きます。砲火の最中ですらジョゼフィーヌで頭がいっぱいだと、英雄らしからぬくだりが見られます。

貴女を愛さずには、一日たりとも過ごさぬ。貴女を抱かずには、一晩たりとも過ごさぬ。人生の主君から引き離し続けているプライドや理想を呪わずに、茶の一杯も飲むことができぬ。任務のただ中におり、軍を率いていようと、キャンプを見回っていようと、胸の中には愛しのジョゼフィーヌだけがおり、この気持ちを占領し、この頭をいっぱいにする。

ナポレオンはジョゼフィーヌに熱をあげ続けますが、ナポレオンにとっては、恋も戦争の原動力だったようです。ところが、その後ジョゼフィーヌと離婚。神聖ローマ皇帝フランツ2世の娘マリー・ルイーズとルーヴル宮殿の礼拝堂で式をあげ、やがてのちのナポレオン2世を授かります。

♥ 第3章 ボディ&ソウル

愛する人に思いを馳せる
Send your heart out to your love.

情を深く思を静かに
心を恋人の上に馳する時の
如何に楽しく 悲しく
なつかしく 恋しく候ぞ

When my thoughts are frankly directed toward my beloved,
I can't help being joyful, sad, nostalgic and desirous.

国木田独歩
（くにきだどっぽ）
のちの妻・佐々城信子へ

Doppo Kunikida

小説家　1871-1908。田山花袋、柳田國男らと詩集『抒情詩』を発表。『武蔵野』『牛肉と馬鈴薯』などの浪漫的な作品の後、『春の鳥』などで自然主義文学の先駆とされる。雑誌『婦人画報』の創刊者でもある。

美しく奔放な女は
ときに男を詩人にするようです。

国木田独歩は、徳富蘇峰の『国民新聞』の記者となり日清戦争に海軍従軍記者として参加。そのルポルタージュを発表して、一躍有名になりました。日清戦争従軍記者・招待晩餐会で、佐々城信子と出会い恋に落ちるものの、信子の母の反対を受けてしまいます。この一節は、独歩が信子に宛てた手紙から。熱烈に会いたい思い、会えなくても恋することは楽しく、そして会えないからこそ苦しい、という複雑な思いが伝わる内容です。

> 可愛ゆき御身の姿目の先にちらつきて志ばしも離れず、雨につけ、夜半の風につけ、忍ばんとすれど忍び難き恋しさいとしさの心、如何にすれば此苦悩の免かる可き。嗚呼わが恋しき乙女よ。(中略)
> 情を深く思を静かに、心を恋人の上に馳する時の如何に楽しく、悲しく、なつかしく、恋しく候ぞ。

信子が親に勘当されて家を飛び出すと、駆け落ち同然でふたりは結ばれます。そして徳富蘇峰の媒酌で結婚すると、逗子でふたりの生活が始まりました。ところが、ふたりはあまりの貧困生活に耐えられず、結婚後5ヵ月で帰郷して両親と同居するものの、信子が失踪。結局は離婚することになりました。信子は離婚した翌年、独歩の子供を出産。その後、奔放な恋愛劇を繰り広げ、この実話の一部がのちに有島武郎によって『或る女』として小説化されています。

駄目な男とわかっていても
Even though I know you're a bad man...

それでもやっぱり
あなたが欲しい

I would still want you.

ゼルダ・フィッツジェラルド
夫・スコット・フィッツジェラルドへ

Zelda Fitzgerald

小説家　1900－1948。『華麗なるギャツビー』『ベンジャミン・バトン　数奇な人生』の著者である夫のスコットに「アメリカで最初のフラッパー（新しい女性）」とあだ名され、狂騒の時代の象徴的存在とされた。

駄目な男ほど手放しがたいのは、
恋の不思議な現象です。

若く美しいうちに成功を手に入れ、時代の象徴とまで騒がれたスコットとゼルダ。これは、結婚して半年後にケンカをしたあとに書かれた手紙の一節からです。

> 小道をあなたがやってくるのが見える。霞や靄のなかからしわくちゃなズボンが急ぎ足で私の方に向かってくる。いとしい、いとしいあなた。あなたがいないとものを見ることも聞くことも、感じたり考えたり、生きたりすることさえできない。心の底から愛しているわ。生きている限り、あなたと離ればなれの夜はもう二度と来させない。

好きな男性のしわくちゃなズボンを見れば、世話をしてやりたい気持ちをくすぐられ、愛おしく思う気持ちがあふれてくる。手紙に出てくるスコットは、ほかの女の存在も匂わす駄目な男なのに、ゼルダの気持ちはますます激しくなっていきます。

> たとえほかの女と駆け落ちして私にひもじい思いをさせても、私を叩いても、それでもやっぱりあなたが欲しい——。いとしい、いとしい、ダーリン——。

駄目な男とわかっていても魅かれてしまう。惚れてこそ本望な恋。狂騒の1920年代、ふたりは最先端のファッションに身を包み、パーティと酒に酔いしれる生活を送りながら、やがて別々の道を歩んでいきます。

私のすべてはあなたのもの
My very being is yours.

肉体 心 優しさ
僕が君を愛するのに
必要なものは
すべて君のもの

Hast thou not everything needful for me to love thee - body, mind, tenderness?

ギュスターヴ・フローベール
奔放で美しい人妻・ルイーズ・コレへ

Gustave Flaubert

小説家　1821-1880。『ボヴァリー夫人』を発表し、文学上の写実主義を確立。ゾラ、モーパッサンに引き継がれて自然主義の潮流にのり、カフカ、プルーストにつながる現代文学の先駆者とされている。

心も体も溺れる恋には
すべて捧げる覚悟が必要です。

フローベールは、女流詩人であったルイーズ・コレに恋をしました。彼女の美貌はパリでも有名で、自分を売る力もあり、文壇では地位を認められる人。絶えず有名人が出入りするサロンの中で、彼女は「ミューズ」（女神）と呼ばれる存在になっていました。巻き髪の金髪で、声は優しく、それでいて情熱的な女性。25歳だったフローベールは彼女に魅かれ、出会って48時間という短い時間で親密な関係になりました。このときルイーズは30歳と称しながら、実は30代後半だったというように、自分が若く美しく見えることは承知で、それを上手に生かしていたようです。さらに、音楽教師の夫を持ちながら、哲学者のヴィクトル・クーザンとも愛人関係にあるなど、常に男性の影が見え隠れする人でもありました。この年上の女性に、フローベールはこんな熱烈な手紙を書いています。

> 君の愛はまるで温かい雨のごとく僕に降り注ぎ、僕はまるで、心の底までその雨に濡れそぼってしまったように感じている。肉体　心　優しさ。僕が君を愛するのに必要なものはすべて君のもの。

自然に体からあふれ出て、また心の底まで沁みてくるような愛する思い。必要なのは、ただ自分と相手という存在だけ。若いフローベールは、心も体も彼女に溺れていたようです。

愛を感じる
Feeling love

愛に取りつかれ
体中に愛を感じ
愛のために生き
そして悲しみに己を費やし
無数の蜘蛛の糸に
搦(から)めとられている

Overcome with love, feeling love in every pore, living only for love, and seeing oneself consumed by griefs, and caught in a thousand spiders' threads.

オノレ・ド・バルザック
人妻・エヴェリーナへ

Honoré de Balzac

小説家　1799-1850。社会全体を俯瞰する視点を持ちつつ人間の内面を精密に描き、双方を対応させる筆致が特徴。代表作に『ゴリオ爺さん』『谷間の百合』。サマセット・モームは「天才とよぶにふさわしい人物」と評した。

恋愛に搦めとられる苦しみは、
一緒に幸福感も与えてくれる。

バルザックの作風はロマン主義的で、人生を真っ直ぐに眺めるのではなく、偏見を持ち、ときに色をつけて見つめるもの。それが作家としての才能をより際立ったものにしていました。一方で生活は乱れたもので、借金で首がまわらなくなると、金持ちの女性と情事を重ねていました。ところが、バルザックは人妻であったエヴェリーナに本気で恋焦がれ、「人生の最大の恋愛」として最後まで連れ添います。この手紙では、恋に落ちた文豪の愛に揺れ動く気持ちと、それに戸惑う様子が読みとれます。

> 君のことを思うとき、自分を愚かしくも感じるし、同時に幸せも味わえる。一瞬のうちに数千年を生きる心地よい夢の中を回遊している。なんて状況だ。愛に取りつかれ、体中に愛を感じ、愛のために生き、そして悲しみに己を費やし、無数の蜘蛛の糸に搦めとられている。(中略) 昨日は一晩中、「彼女は私のものだ！ 嗚呼！」と独り言を言っていた。天国にいる天使ですら、昨日の僕ほど幸せではないだろう！

心地よく恋にひたり、相手を思う幸せに快感を味わいながら、どこか気持ちを縛りつけられて苦しい……そんな恋に揺れ動く文豪の思いが感じられるラブレターです。

快楽と痛みと愛情
Pleasure, pain and love

快楽は
愛を包み隠してしまうが
痛みはその本質を
剝き出しに見せてくれる

Pleasure hides love from us, but pain reveals it in its essence.

オスカー・ワイルド
青年・ボジーへ

Oscar Wilde

作家　1854－1900。小説『ドリアン・グレイの肖像』、童話『幸福な王子』、詩劇『サロメ』などを著した耽美主義の旗手。結婚して2人の男の子を授かるが、同性愛を咎められて収監。出獄後、失意の中で没した。

痛みの中に浮かびあがるのは
愛の本当の姿。

耽美主義者で美しいものを好んだとされるオスカー・ワイルド。『ドリアン・グレイの肖像』を発表すると多くの芸術家たちが称賛し、この成功によってワイルドはひとりの青年と運命的な出会いを果たすことになります。それが、のちに身を滅ぼす原因となった"ボジー"ことアルフレッド・ダグラス卿でした。小柄でブロンドの髪が美しい22歳の学生ボジーは、侯爵の三男で生意気な気質。その小悪魔的な性質に、37歳のワイルドは虜になります。ところが、同性愛が露見し、ワイルドは投獄されてしまいました。会えない辛さを書簡に託し、恋の本質について語ります。

> 孤独のどん底であろうとも、君は私とともにいる。肉体がどれほど恥辱にまみれようともこの魂に君の姿を抱いていられるよう、愛するがゆえに湧きだす怒りに抗うのではなく、これを受け入れようと胸に誓った。その絹のような髪から繊細なつま先まで、君は完璧に美しい。快楽は愛を包み隠してしまうが、痛みはその本質を剥き出しに見せてくれる。（中略）聖者には神が必要であるように、私には君が必要なのだ。君を魂に抱き続けていれば、人々が人生と呼ぶこの痛みすら耐えられよう。

世間からの非難という痛みの中でも、浮かびあがってくるのがボジーへの思い。それは快楽の陰に隠れた、心からの愛でした。

第3章 ボディ＆ソウル

第 4 章

不安と
やり場のない思い

No Place For My Uncertainty

No.33

自分の愛情を
どんどん相手にプレゼントすれば
増えたの減ったので
悩むことはありません

Devoting all of your love to time
you will not worry about the waxing and waning of love.

瀬戸内寂聴
Jakucho Setouchi

作家・僧侶　1922—。北京で長女を出産し、26歳のとき
に家族を捨てて出奔、小説家を志す。63年『夏の終り』で
第2回女流文学賞受賞。73年に得度し、法名・寂聴。1997
年文化功労者、2006年文化勲章受章。

恋をすることは苦しむこと
To love is to suffer.

恋をすることは苦しむことだ
苦しみたくないなら
恋をしてはいけない
でもそうすると
恋をしていないことで
また苦しむことになる

To love is to suffer. To avoid suffering, one must not love. But then, one suffers from not loving.

ウッディ・アレン
映画『Love and Death』より

Woody Allen

映画監督・俳優　1935−。チャップリンやオーソン・ウェルズ同様、俳優、脚本家、監督として成功。『アニー・ホール』『ハンナとその姉妹』『ミッドナイト・イン・パリ』でアカデミー賞各賞を受賞した。

恋がなければ
人生はつまらない。

ウッディ・アレンの映画にはユーモアとペーソスが同居していて、登場するのはどうしようもないけど憎めない男。ヘタクソな恋愛を人間愛ですくいあげる……。そんな優しさが流れる作品群は「誰だって恋する権利はある」と教えてくれます。恋愛映画の金字塔と言われる『アニー・ホール』では、離婚経験のあるコメディアンの男アルビーが、美女アニーと出会い恋に落ちます。アニーが別の男性のもとに走ると、アルビーは「こんなとき、どうする？」と女々しく頼りなく観客に問いかけます。芸術論を語る場面では"心の言葉"が現れます。女性のアニーは「バカに思われたくない」とつぶやき、男性は「裸にしてみたい」。こんな"男と女の違い"をユーモアたっぷりに描きます。アレンは、主演女優のダイアン・キートンと映画からスピンオフしてお付き合い。別れてからも映画に出演させるなど、現実の恋が終わっても映画の中で恋は続いていました。

恋をすることは苦しむことだ。苦しみたくないなら、恋をしてはいけない。でもそうすると、恋をしていないことでまた苦しむことになる。

悶々と自問自答するような、ダメ男ふう・恋愛反面教師アレンの映画『Love and Death』に登場するセリフ。この上なく、言い得て妙です。

恋のリニューアル
The renewal of love

No. 35

恋人同士のけんかは
恋の更新(リニューアル)である

The quarrel of lovers is the renewal of love.

プブリウス・テレンティウス・アフェル
戯曲『Andria（アンドロスから来たむすめ）』より

Publius Terentius Afer
古代ローマの喜劇作家　紀元前195/185－前159。奴隷としてローマに連れてこられたが才能を認められ解放。テレンティウスの喜劇が最初に上演されたのは紀元前160年代。執筆した6つの戯曲は現存する。

古代ローマ時代から変わらない
愛が深まるきっかけ。

奴隷としてカルタゴからローマに連れてこられたテレンティウス。文章の才能を認められて奴隷から解放され、生涯に6つの戯曲を残すことになります。そのうち『Andria（アンドロスから来たむすめ）』という戯曲に登場するのがこのセリフ。それはこんな場面でのものです──。シモンが、息子を娼婦の子どもかもしれない女と別れさせたくて、友人のクレメースに「息子と女は仲たがいをしたら、別れるかもしれない」と話します。それを受けて、クレメースが語るのがこの言葉。

　恋人同士のけんかは、恋の更新（リニューアル）である。

けんかの瞬間、気持ちは弱くなるけれど、けんかのあとには恋はもっと強くふたりを結び付けてくれるもの。心の内にあるものをさらけ出し、それでも気持ちが引き合うのは強く結ばれた恋人の証。互いに心にたまったものを吐きだすことで不満はやわらぎ、理解や思いやりが強まるのが恋。さまざまな言語に翻訳されるこの言葉は「恋人同士のけんかは恋を完全なものにする」「恋人同士の口論は愛を強める」など、少しずつ解釈は違いながら、根底のコンセプトは変わりません。困難を乗り越え恋人としての関係を強める姿は、古代ローマ時代から今も変わらないようです。

第4章　不安とやり場のない思い

君の感触を探して
Looking for your touch

夢だけで会うのは苦しいよ
目覚めてベッドをさぐるのに
指先が君に触れることは
できない

It's really painful to see you only in my dreams.
When I wake up, I look for your touch;
But my fingertips can't feel you.

おおとものやかもち
大伴 家持
『万葉集』大伴家持から通い婚の妻へ

Otomo no Yakamochi

奈良時代の貴族・歌人　718－785頃。大納言・大伴旅人の子で官位は従三位・中納言。歴史に名を残す三十六歌仙の一人であり、『万葉集』の編纂者として知られる。小倉百人一首では中納言家持とされている。

会いたくても、会えない……。
もどかしさすら恋のスパイス。

　夢の逢(あひ)は　苦しかりけり
　覚(おどろ)きて　かき探れども　手にも触れねば

大伴家持は、大伴旅人(おおとものたびと)の愛人の子どもとして生まれました。それでも家持は聡明だったため、大伴家の後継者として旅人自ら教育をほどこします。旅人がこの世を去ると、14歳の家持は大伴家の当主として家を仕切る一方で、自由も享受できるようになりました。そして、叔母の大伴坂上郎女(おおとものさかのうえのいらつめ)の娘である大嬢(おおいらつめ)に恋心を抱くようになり、家持は大嬢に恋の歌を贈ります。ところが、家持が愛人を作ったことから、ふたりの恋も中断してしまいました。しばらくして愛人が病で亡くなると、家持は再び大嬢とのよりを戻そうとして、大量の歌を詠みはじめます。そして、大嬢に宛てた一首が冒頭の歌でした。

　夢だけで会うのは苦しいよ
　目覚めてベッドをさぐるのに　指先が君に触れることはできない

逢いたいときに相手がいない——そんなもどかしい気持ちを詠んだのが、先の一首でした。逢いたくても近くにいなくて歌を詠む。そんな恋のかけひきもまた、この時代の雅(みやび)だったのでしょう。ふたりは坂上郎女の希望もあって結婚するものの、その形式は、なぜか通い婚。歌で気持ちを交わせていきました。

第4章　不安とやり場のない思い

不器用で真っ直ぐな恋
Clumsy, straightforward love

どうか 君の心が
まだ変わっていませんように！

If you will only not change your mind!

ピエール・キュリー
のちの妻・マリー（キュリー夫人）へ

Pierre Curie

物理学者　1859-1906。マリー・キュリーの夫。結晶学、圧電効果、放射能の先駆的研究で知られる。1903年妻マリーやアンリ・ベクレルと共に放射能の研究でノーベル物理学賞を受賞した。

不器用でも精一杯伝えること。
それが心をつかむ秘訣。

物理化学の学者だったピエール・キュリーはパリ大学で学生マリヤ（マリー）・スクロドフスカと出会い恋をしました。これはポーランドに帰ろうとするマリーへの手紙です。

> 僕との約束を憶えているかい？ 少なくも大親友にはなろうっていう約束だ。どうか、君の心がまだ変わっていませんように！ （中略）もし君が1年も経たずにフランスを離れてしまうなら、離ればなれの友情は、ふたりにはあまりにもプラトニックすぎる。僕と一緒にいたほうがいいだろう？

思いを伝えきる勇気がなく、気持ちが小出しにされた手紙。不器用な男性が、彼女を精一杯引きとめたい心が行間に読み取れます。最後にはこんなメッセージが添えられていました。

> もし手紙を書いて、10月には戻って来ると伝えてくれたら僕はどんなにか幸せに思うだろう。ソーの住所に直接書いてくれたほうが、早く届くと思う。
>
> 　　　　　　　　ピエール・キュリー　ソー（セーヌ）　サブロン通り13

少しでも早く知らせを受け取れる住所を書き添える姿は、微笑ましいもの。1894年のこの手紙から1年後、ピエールはマリーに求婚し、夫妻となったふたりはベクレルと共に1903年ノーベル物理学賞を受賞。ピエールは1906年に交通事故で亡くなるまで、マリーと共に物理化学の分野で活躍しました。

電話を待ちわびて
Waiting for a call

No. 38

さみしいね……
電話しようなんて
思ってもくれないのかな……

I feel lonely…Ever thought of calling me?

アントワーヌ・ド・サン＝テグジュペリ
名前の明かされない女性へ

Antoine de Saint-Exupéry

フランスの作家・飛行士　1900－1944。郵便輸送パイロットとして活動後、偵察飛行士に。コルシカ島から偵察飛行に出て消息を絶つ。代表作に『夜間飛行』『人間の土地』。『星の王子さま』は世界各国で愛読されている。

恋しくて、せつなくて、
声だけでも聞きたくて。

『星の王子さま』が語りかけるような口調で綴られたのは、「小さな女の子」と名付けた女性に宛てた手紙です。サン゠テグジュペリは、偵察飛行士として北アフリカのアルジェに赴きます。これは途中の列車で出会った、ある若い女性に向けた手紙でした。恋をしたのは20代の人妻。発売されたばかりの『星の王子さま』のイラストを添えて、フィクションの存在が語るラブレターを送ります。でも、彼女はただつれなくて、返事もくれません。恋しくて、せつなくて。

　さみしいね……電話しようなんて、思ってもくれないのかな……
ぐずる子供のような思いの伝え方は、勇気がなくて、ストレートには言えないため。だから、王子さまと小さな女の子という架空のストーリーで、自身の気持ちを大人の女性に伝えたのです。ふたりの間に、どこまでの関係があったのかはわかりませんが、女性は大切にその手紙を保存していました。そして彼女は、受け取ったすべての手紙を公開したのか、あるいは秘めた部分も残したのか……。1944年の戦争のさなか、コルシカ島から偵察飛行に飛び立ったサン゠テグジュペリは、そのまま消息を絶ってしまいます。これが、彼にとっての最後の恋となりました——。

私をなぐさめて
Give me consolation.

僕はずたずたに
引き裂かれてしまいそうだ

I am torn up by the roots of my life.

ロベルト・シューマン
ピアノの師の娘・クララへ

Robert Alexander Schumann
作曲家・音楽評論家　1810−1856。ロマン派音楽を代表する作曲家のひとり。『ピアノ協奏曲 イ短調op.54』や『子供の情景』の「トロイメライ」などが広く知られる。ピアニスト、クララ・シューマンは妻。

不安をさらけ出す男の弱さは
女にとっての愛しさ。

ロベルト・シューマンは、ピアノの師であるフリードリヒ・ヴィークの娘クララに恋をします。クララは、9歳でピアニストとしてデビューして神童と言われた女性。父ヴィークは、当時は無名だったシューマンと娘クララの交際を認めず、ふたりを引き離します。そんな中、愛の証としてクララに捧げた曲が「トロイメライ」でした。まだ幼かったクララをモチーフに作ったピアノ曲集『子供の情景』の一曲です。幼い頃から見続けてきた恋人を想い、思い出をたどるような調べ。旋律の中にもCLARAを音名でCAAとしたメロディを織り込むほどに夢中でした。シューマンはクララと結ばれないつらさを手紙に託します。

> *もし、君の声が少しでも聴けたなら！　どうすればいいのか、僕に教えてほしい。さもなければ僕は嘲笑と冷笑とにさらされ、ここから逃げ出さなくてはいけなくなってしまう。（中略）僕をなぐさめてほしい。神が僕を絶望のどん底に突き落としてしまわぬように。僕はずたずたに引き裂かれてしまいそうだ。*

結局ふたりは両親の理解がないまま結婚します。やがて7人の子育てをしながら演奏活動をする34歳になったクララの前に、14歳年下のヨハネス・ブラームスが現れます。若いブラームスの出現によって、シューマンはまた、新たな不安にさいなまれることになるのです。

言葉をささやいて
Whisper sweet nothings to me!

No.

恋い焦がれて
やっと会えたときだけでも
ありったけの
甘い言葉をささやいて
ふたりの仲を　続けたいなら

When I see you at last, whisper all the sweet words you can,
if you'd like to keep me close.

大伴坂上郎女
『万葉集』より大伴坂上郎女（母）が娘に代わって詠んだとされる

Otomo no Sakanouenoiratsume
『万葉集』第三〜四期の代表的歌人　生没年不詳。大伴安麻呂と石川命婦の娘。大伴旅人の異母妹で、大伴家持の叔母であり姑。『万葉集』には長歌・短歌合わせて84首が収録され、額田王以後最大の女性歌人。

いつの世も甘え上手が
恋愛上手のエッセンス。

恋ひ恋ひて　会へる時だに　うるはしき
言尽(ことつく)くしてよ　長くと思はば

やっと会えた恋人に、甘えながらやさしい言葉をねだる女性の姿が思い浮かぶ熱い歌。これを詠んだ大伴坂上郎女は13歳で結婚。ところが夫に先立たれ、その後に藤原麻呂(ふじわらのまろ)の恋人となりながらも死に別れてしまいます。そして異母兄の大伴宿奈麻呂(おおとものすくなまろ)の妻となって二女を授かります。ところが、またもや33歳で夫が他界するなど、波乱万丈の結婚生活を送ったようです。その歌は技巧に富みながら、豊かな叙情性も兼ね備えるもの。ストレートに恋する女性の気持ちを書き綴っている坂上郎女が詠む男性との相聞歌(そうもんか)（恋人の間で詠み交わす歌）は、恋の実体験に基づくのではともささやかれています。さらに、この熱く甘い歌、実は次女の二嬢(おといらつめ)のための"代作"だったとも。つまり、母親が娘のためにゴーストライターを引き受けて、男性に向けて甘く歌いかけたわけです。男性の訪れを待ち焦がれるしかないこの時代の女性たち。恋する熱い気持ちを代弁する姿は、現代の母親たちが娘の婚活に一役買う姿と重なりそうです。

＊だに―せめて、だけでも／うるはし―壮大で美しい、色鮮やかな／尽くす―出し切る

第4章　不安とやり場のない思い

一緒にいたい
I'd like to be with you.

今夜の様な夜
気の弱くなる夜に
清さんと一所に居たい

I'd like to be with you, Kiyo,
on a night when I feel feeble, like tonight.

うち だ ひゃっけん
内田 百閒
のちの妻・堀野清子へ

Hyakken Uchida

小説家・随筆家　1889-1971。夏目漱石門下生で、得体の知れない恐怖を描いた小説やユーモアに富む随筆が多い。作品の一つは『ツィゴイネルワイゼン』として映画化。彼の日常を描く映画『まあだだよ』は黒澤明監督の遺作。

寂しい夜の心のスキマ、
埋めてくれるキミの姿。

内田百閒という人は、いたずらっ気やユーモアたっぷりの人でした。大学の教え子に慕われ、還暦を迎えた翌年から、毎年誕生日に「摩阿陀会」(まあだかい)という誕生パーティが開かれるようになりました。その名の由来は、「百閒先生の還暦はもう祝ってやったのにまだ死なないのか」。その百閒が愛した清子夫人の遺品の中から、いくつも、何日にもわたって書き継がれた恋文が見つかりました。どれも長文で、百閒が日常の中で清子を想う気持ちが綴られています。あるときは、とても気持ちが弱くなり、こんなことを書いています。

> とも角今夜これから行って一寸清さんに会って帰ればそれで僕の心は落ち着く、おゝ今夜の様な夜があっていけない。(中略)今日昼から僕は白山のところへぶらゝと一寸散歩した。風呂に行った時と葉書を入れに行った時と二度、もしか清さんに会わないかと思うて。今夜の様な夜、気の弱くなる夜に清さんと一所に居たい。

誰にも覚えがある、心に空洞ができたように感じる瞬間。誰かを想い、もしかして会えないかと、ふと会えそうな場所に出かけてみる……。いつもにぎやかでユーモアある人が気弱になった瞬間に、一緒にいたい女性の姿を求める思いがあふれる手紙です。

ずっと愛して
Love me forever.

僕を嫌いにならないで
ずっと 愛してほしい

Don't hate me,
love me forever.

チャーリー・パーカー
ガールフレンド・チャンへ

Charlie Parker

ジャズ・サックス奏者　1920－1955。モダンジャズの父
と呼ばれ、愛称はバード。天才的なひらめきとアドリブ
による演奏は伝説化。一方で麻薬とアルコールに溺れて
入院するなど、破滅的な生涯を送った。

破天荒な男と聡明な女性、
やっと出会えたパズルの欠片(かけら)。

チャーリー・パーカーはニューヨークにやってくると、ハーレムの店、SAVOYの看板を見て「いつか成功してここで演奏する！」と誓いました。時代は1940年代。世界恐慌は影をひそめながらも、第二次世界大戦の足音が忍びよる暗い時代に、今までにないジャズ奏者としてチャーリーの名は響き渡っていきます。音楽の天才でありながら、私生活は支離滅裂。ステージをすっぽかし、ギャラは賭博や麻薬に消え、バンドメンバーに払う金すらなくなる。そんなチャーリーを支えたのが、ヒップで聡明で美しいガールフレンドのチャンでした。この手紙でチャーリーは、破天荒な自分の間違いを謝り、愛する彼女にすがるように許しを求めています。ひと言も謝罪の言葉はないのに、相手の正しさを認め、許しを乞う気持ちが伝わってきます。

僕の考え方は間違っていた。わかっていなかったんだ、キミが正しいって。ここに僕の気持ちを示すよ。僕を嫌いにならないで。ずっと、愛してほしい。世界は美しく、ゆったりとした時の流れはその恩恵だ。世界を逆に巻き戻し、地球がまわり始めた時点に戻ろう。僕はキミへの気持ちを偽っていたよ。──キミへ。自分を恥じる。愛しているよ。

ふたりはこの手紙の後も"気心の知れた親友"としてしばらく過ごし、やがて正式な結婚をしないまま家庭を築きました。

僕を許して
Please forgive me!

手紙を書こうと
思い立ったのは
昨晩から　君をひどく
落ち込ませたように
思うからだ
心からゴメンと言いたい

I decided to write you because I felt that I made you look pretty rotten after the last night.

マイケル・ジョーダン
当時のガールフレンドへ

Michael Jordan
元バスケットボール選手　1963-。計15年間にわたる選手生活で得点王10回、5度のNBAシーズンMVP、6度のNBAファイナルMVP受賞。ロサンゼルスとバルセロナオリンピック米国代表メンバーとして2度金メダルを獲得。

初々しい文面からあふれるのは
恋心と素直に謝ることの大切さ。

バスケットボールの神様と言われるマイケル・ジョーダン。「失敗には耐えられるが、挑戦しないことには耐えられない」という名言を残すなど、果敢に挑戦する姿で選手たちに影響を与え続けました。そんなマイケルが18歳のとき、当時のガールフレンドを傷つけたことを謝るために、手紙にこんなことを書いています。

> 手紙を書こうと思い立ったのは、昨晩から、君をひどく落ち込ませたように思うからだ。心からゴメンと言いたい。どうか、僕の気持ちを分かって欲しい。（中略）僕のバースデーに、一緒にゲームにいけなくてゴメン。おやじが、バスケチームの奴らを全員食事に連れていくっていうんだ。どうか怒らないで、2月14日の週にそっちに行きたいと思う。もしそうできたら、一緒に何かしよう。

この手紙は、ノートを破った2ページにわたって書かれていました。10代の思いが浮かび上がる手紙に書かれたのは、些細なことが大きく感じられる年代の初々しい恋心。そしてこんな一節もみられます。

> 僕はやっと、僕よりずっと小さな女の子と一緒にいることに慣れてきたよ。

大好きな"小さな女の子"に向けて授業中に書かれた手紙は、マイケルなりのやさしさにあふれたものでした。

第 5 章
恋のかけひき・別れ

Love Games and Breakups

No.44

愛されたいなら
愛し 愛らしくあれ

If you would be loved, love and be lovable.

ベンジャミン・フランクリン
Benjamin Franklin

政治家・物理学者　1706-1790。アメリカ独立宣言の起草委員となり、トーマス・ジェファーソンらと共に署名。アメリカ合衆国建国の父の一人。現在の米100ドル紙幣に肖像画が描かれている。

あなたを愛させて
Let me love you.

あなたを愛させて
さもなければ死を

And let me love
Or let me die!

マリリン・モンロー
ジョン・F・ケネディに宛てたバースデーカードより

Marilyn Monroe
女優　1926-1962。本名はノーマ・ジーン・モーテンソン。20世紀を代表するセクシー女優で、セックスシンボルとして広く知られる。代表作は『紳士は金髪がお好き』『ナイアガラ』『七年目の浮気』など。

選択肢は「愛」か「死」か。
覚悟を伝える切ない手紙。

ブロンドの髪にグラマラスな肢体、柔らかな瞳と頬のホクロに真っ赤なルージュ。排気口の上に立ち吹き上がるフレアスカートを手で押さえるシーンはポスター化され、歩き去る後ろ姿から「モンローウォーク」という言葉が生まれるほどに観客を惹きつけた人気女優。マリリン・モンローは、はつらつとリーダーシップを発揮する若き米国大統領ジョン・F・ケネディに恋をします。大統領のパーティでバースデーソングをセクシーに歌うマリリンの声は、ふたりのアフェアを物語り、ケネディに「いつ引退しても悔いはない」と言わせるほど熱をあげさせます。マリリンがケネディに贈ったロレックスには、小さな手紙が添えられていました。

恋人たちにため息を　バラは咲き乱れ、音楽は流れる　唇と瞳に情熱を　喜びに世界は踊りまわる　まぶしい太陽が空に　さんさんと降り注ぎますように　あなたを愛させて、さもなければ死を

ふたりの関係は公然の秘密であり、マリリンのほうが熱をあげていたとの見方もあるなど曖昧なままでした。この3ヵ月後にマリリンは自宅で全裸のまま謎の死をとげますが、マスコミは「睡眠薬の大量服用による自殺」と発表。その翌年の1963年にケネディ大統領もまた、ダラスでのパレード中に暗殺されてこの世を去ります。

愛されたかった
I wish you loved me.

恋の火を
せっせとつけて回りながら
嫌悪の炎も
燃え立たせる人など
わたしには考えられない

I can't conceive of a person who runs about lighting bonfires and yet nourishes a dislike of flame: that seems silly to me.

レベッカ・ウェスト
妻帯者のH.G.ウェルズへ

Rebecca West

作家・ジャーナリスト　1892-1983。フェミニズムのスポークスパーソンとして名声を確立。作家H.G.ウェルズとの10年間の不倫関係で子供を出産。30歳で渡米し、米大統領から世界最高のレポーターと評された。

離れていく恋人にせまる
言葉を武器にしたフェミニストの脅迫状。

レベッカ・ウェストがH.G.ウェルズの小説『結婚』を酷評すると、ウェルズは話をするためレベッカを招待し、恋に落ちました。敵対関係はあくまでも"ある事実"に対してのもの。素の人間として向かいあった瞬間、ふたりの間の空気が男女のそれに変わったのです。やがて愛情が憎しみという次のステップの土台になり、別れにつながっていくのもまた恋の常。レベッカより26歳年上で家庭を持つウェルズは、ある日別れを切り出します。"言葉を武器にしたフェミニスト"と言われるレベッカは、脅迫状かのような思いをぶつける手紙を送ります。

> あなたが求めているのは子犬のようにじゃれあい、折り重なってベッドに倒れこむ人。ケンカしたり戯れたりできる人。浮かれ騒ぎ、そうしたくてたまらない人であって、恋に身をやつす人ではない。挫折の屈辱に激しい怒りを覚えるあまり二度も自殺を試みるような人など、あなたには考えられない。ばかばかしいと受け止める。でも、恋の火をせっせとつけて回りながら嫌悪の炎も燃え立たせる人など、わたしには考えられない。

見えない誰かに嫉妬をし、恋を失いそうな恐怖とやり場のない想いをぶつけます。ところが最後には「あなたに愛されたかった」とすがるような一文もあり、この手紙の後にふたりはよりを戻しました。

第5章 恋のかけひき・別れ

恋愛という名のゲーム
A game called Love

恋愛は
必ずどちらか一方が
ズルをするゲームだ

Love is a game in which one always cheats.

オノレ・ド・バルザック
恋愛について残した言葉

Honoré de Balzac

小説家　1799-1850。社会全体を俯瞰する視点を持ちつつ人間の内面を精密に描き、双方を対応させる筆致が特徴。代表作に『ゴリオ爺さん』『谷間の百合』。サマセット・モームは「天才とよぶにふさわしい人物」と評した。

恋愛ゲームはかけひきの心理戦。
一度ハマると抜けられない仕掛け。

作家としての才能を発揮してきたバルザックの私生活は、豪放
磊落(らいらく)でパーティが大好き。金に困ると、お金持ちの女性と関係
を結ぶというものでした。そんな関係の中で、唯一心から惹か
れた女性エヴェリーナと結ばれるものの、バルザックは複数の
女性との関係を続け、ふたりはうまくいきません。そんなバル
ザックが恋愛について残した言葉のひとつがこれでした。

　恋愛は、必ずどちらか一方がズルをするゲームだ。

バルザックの作品『谷間の百合』は、自身の実体験や恋愛観を
もとに書かれたとされています。子供を持ちプラトニックな関
係を求めるモルソフ夫人と恋に落ちる青年フェリックスは、バ
ルザック自身。夫人を愛しながらも、体の渇きをうるおしたい
がためにダドレー夫人と肉体的な関係を結び、その愛に溺れて
いきます。それでもモルソフ夫人のことが忘れられずに久しぶ
りに訪れると、愛人との関係を知った嫉妬からか冷淡な態度を
とられてしまいます。モルソフ夫人が亡くなると、遺書に"恋
した男性に全身全霊を投げ出せるダドレー夫人の奔放さへの憧
れ"を書き残していました。生前は本当の心を隠し通した夫人
の気持ちも、恋愛におけるズルさだったのかもしれません。こ
れは、欺(あざむ)き裏切る経験を繰り返してもなお恋愛中毒から抜け
られない、バルザックの実体験から生まれた言葉なのです。

実らぬ恋
Unrequited love

待てど暮らせど来ぬ人を
宵待草のやるせなさ
今宵は月も出ぬそうな

Waiting for you so long, though you are not showing up.
Just like an evening primrose in a field, I feel lonely and miserable.
The evening sky is so dark; not even the moon will show up.

竹久夢二
隣家の娘・長谷川カタへの想いを託した詩

Yumeji Takehisa
画家・詩人　1884－1934。抒情的な作品が「夢二式美人」と呼ばれる大正ロマンを代表する画家。文筆でも活躍し、詩『宵待草』は全国的な愛唱曲に。近代グラフィック・デザインの草分けのひとりでもある。

実ることなく終わったひと夏の恋。
喪失感という散文詩。

夢二は27歳のとき、別れた妻と子供を連れて千葉県海鹿島(あしかじま)に避暑の旅に出かけました。そこで、宿の隣家に滞在していた19歳の長谷川カタに出会い、夢二は惹かれていきます。そんな様子を見ていたカタの父親は、カタに別の相手との結婚をすすめました。翌年、夢二は再び海鹿島を訪れますが、すでにカタは嫁いだと知ることになります。夢二は逢いたい人に逢えない喪失感を、マツヨイグサにたとえて詩に託しました。

遣る瀬ない釣り鐘草の夕の歌が　あれあれ風に吹かれて来る
待てど暮らせど来ぬ人を　宵待草の心もとなき
想ふまいとは思へども　我としもなきため涙
今宵は月も出ぬさうな

宵になると小さな黄色い花を咲かせ、翌朝しぼむマツヨイグサ。日の目を見なかった想いを、夜に咲き太陽を見ずにしぼむ花が映し出してくれます。実ることなく終わったひと夏の恋を歌った詞と、やるせない曲調。宵待草の歌は一世を風靡します。

待てど暮らせど来ぬ人を　宵待草のやるせなさ
今宵は月も出ぬそうな

夢二とカタの人生が交わったのはこの時だけで、カタは幸せな結婚生活を送りました。ただ宵待草の着想のきっかけになった人として、その名は後世に残っています。

第5章　恋のかけひき・別れ

恋煩い
Lovesickness

君を想うと
ひどく孤独を感じる

I sure am thinking of you, and I'm doggone lonesome.

エルジー・クリスラー・シーガー
漫画『ポパイ』作者のラブレター

Elzie Crisler Segar

漫画家　1894-1938。連載漫画『チャーリー・チャップリンのドタバタ喜劇』でデビュー、『ポパイ』で一躍有名に。エルジー・シーガー賞が制定され、『ピーナッツ』(スヌーピー)の作者、C.M.シュルツも受賞。

孤独を感じるとき、
愛する人が鮮明になるもの。

「ああ、僕の愛しい君がここにいてくれたなら……」。男がタバコをふかし、崖の上で夕焼けを眺めながらつぶやく。そんなイラストが描かれた手紙は、漫画『ポパイ』の作者のラブレターでした。ポパイの成功で日々取材に追われているのか、つぶやくように綴られるのはこんな言葉──。

> ここですることといえば、握手をして、どんな風に漫画を描くかを話すこと。君が元気でいるように。あと、僕のことを考えていてくれたらどんなにいいだろう。君がここにいてくれたなら。

黄昏どき、世俗の煩わしさから逃げて、好きな君に逢いたい。そんな思いを手紙に託します。

> 君を想うとひどく孤独を感じる。いっそのこと、崖から飛び降りてこの"恋煩い？"とやらを終わらせようか。

ひとりならひとりで割り切れるものを、好きな人に会えない思いが孤独感を増してしまう。思いを断ち切れたなら楽になれるのに。半面で、やっぱり自分を思ってほしい揺らぎこそが恋の苦しさ。ならばいっそ、こんな自分を楽しむのも恋の醍醐味といえるはず。ポパイの恋人オリーブには、あっさり心変わりする一面がありました。そんな女性にふりまわされるポパイに、多くの恋する人たちは自分の姿や思いを重ねてみたのかもしれません。

君と生きたい
I want to be with you.

僕には君と生きるか
独りで生きるかしかない

I can only live, either all together with you or not at all.

ルートヴィヒ・ヴァン・ベートーヴェン
「不滅の恋人」へ

Ludwig van Beethoven
作曲家　1770-1827。古典派音楽の集大成かつロマン派音楽の先駆け。聴力を失った作曲家としても知られる。代表作に交響曲第五番『運命』、第九番『合唱付き』、ピアノソナタ『悲愴』、『エリーゼのために』など。

ずっと一緒にいたいのに……
独りの時間がもどかしい。

ベートーヴェンが亡くなった翌日のこと。彼の唯一の財産であった有価証券と、小さな女性の肖像画２点とともに、秘密の隠し場所からこの手紙が見つかりました。投函されずにしまわれていたのか、書き直した手紙を送ったのか……、未だにわかっていません。ただ「不滅の恋人」は、10歳年下のアントニエ・ブレンターノ夫人だとされています。そんな中ではっきり見えてくるのは、この手紙は絶対に手放したくない思い出であっただろうこと。そして、この女性がベートーヴェンにとって最後の女性であり、なおかつ相思相愛の女性だったことでした。

> 不滅の恋人よ、ベッドの中にいるときですら、僕はきみのことを求めてしまう。そこここで嬉しそうに、また悲しそうに、運命の女神が僕らの願いを聞き入れてくれるのを待っている。僕には君と生きるか、独りで生きるかしかない。僕が君の腕にとびこんで安らぎを得て、この魂を君の魂で包みこんで魂の世界に送る日まで、いつまでも歩いていくと心に誓ったんだ。（略）どうか愛してほしい。君を愛する忠実な心を信じて欲しい。
>
> 　　　　　　　　　　　　　　　　　　　君の恋人　Ｌ
> 　　　　　　　永遠の時　永遠の君　いつまでもふたりで

愛と疑いの心
Love and doubt

愛情と猜疑心は
決して仲良く話をする
関係には
なれないもの

Love and doubt have never been on speaking terms.

ハリール・ジブラーン
ほかの男性と結婚してしまった恋人への想いを綴った言葉

Kalil Jibrān

詩人 1883-1931。レバノン出身で宗教・哲学に根ざした詩や絵画を残し、後世の詩人・政治家・アーティストなどに影響を与えた。代表作『預言者』の一節をジョン・レノンがビートルズの『ジュリア』に引用した。

好きだからこそ、抱える疑念。
愛しさが行き場を失ったのが嫉妬。

絵画の個展会場で、ジブラーンは生涯にわたって親友関係となる10歳年上の未亡人マリーに出会いました。家族の強い反対にあってふたりは結婚することはできず、肉体的にも結ばれることはないまま、マリーは別の男性と再婚してしまいます。

　愛情と猜疑心は、決して仲良く話をする関係にはなれないもの。
満たされなかった想いを託したこの言葉は、愛情と裏腹に存在する不安との葛藤が感じられるもの。愛しく思うほどに、相手を独占したい気持ちが生まれます。自分が共有できない時間を考えるほどに不安にさいなまれ、愛しさが行き場を失ってしまう。どうやら、愛情と不安は心の同じ場所にあるようです。ジブラーンは遂げられなかった思いを胸に創作活動を続け、一方でマリーは彼を経済的にサポートして躍進に力を貸しました。ジブラーンが40歳で出版した作品『預言者』は、哲学的な思想を散文詩で綴ったもの。カウンターカルチャーの旗手たちをはじめ、日本では美智子皇后が愛読したことでも知られますが、そこに次の一節が登場します。

　愛の望みはただひとつ。愛自身を満たすことです。
ジブラーンは48歳で他界しますが、レバノンへの埋葬を希望していたため、マリーがレバノンにお墓を用意しました。

Column 1

万葉集　男と女の問答歌

Dialogue poem between a man and a woman

問答歌とは、問歌と答歌によって構成される唱和形式の和歌のこと。柿本人麻呂のこの二つの問答歌は、何とか恋人を引きとめたい女性と引きとめてほしい男性の心情を詠んでいる、呼応し合う歌です。

［女〜問歌］

（原文）
雷神の　少し響（とよ）みて　さし曇り
雨も降らぬか　君を留めむ

『万葉集』巻11・2513より

＊雷神―雷／響みて―（あたりを揺り動かすように鳴り）響いている様子／さし曇り―「さし」は意味を強める接頭語。曇って／降らぬか―降らないかな／留めむ―留める

雷が鳴り響き　雲が広がり
雨が降ってきたならば
帰ろうとしているあなたを
きっと引きとめられるのに

*If the thunder rumbled, the sky turned dark and it started raining,
I would be able to make you, about to leave, stay.*

[男〜答歌]

(原文)
雷神（なるかみ）の　少し響（とよ）みて　降らずとも
われは留（とま）らむ　妹（いも）し留（とど）めば

『万葉集』巻11・2514より

＊妹—愛する女性（妻・恋人など）のこと

雷が少し鳴るだけで
雨が降らなくても
キミが引きとめてくれたら
ボクはきっとここにいるよ

*Even if there is little thunder and it hasn't started raining;
If you asked me to, I would stay here with you.*

柿本人麻呂　Kakinomoto no Hitomaro

飛鳥時代の歌人　660年頃―720年頃。山部赤人らと歌聖と呼ばれた三十六歌仙の一人。天武9年（680年）には出仕していた。『続日本紀』等の史書に経歴はなく、『万葉集』の詠歌が唯一の資料とされる。

第6章
失恋と傷心のおくすり

Remedy for a Broken Heart

No.52

一人を失ったからといって
嘆くことはない
男と女は半分ずついるのだから

You don't have to mourn over your break up.
There are still the same number of men and women.

戴聖
Taisei

中国・前漢の学者　生没年不詳。叔父の戴徳（たいとく）を大戴とよぶのに対し、小戴と呼ばれる。「礼」を后蒼に学び、現在の儒家経書三礼のうちの「礼記（らいき）」49編を作った。

失恋の癒やし方
How to heal a broken heart.

失恋につける薬はない
もっと恋する以外には

There is no remedy for love but to love more.

ヘンリー・デービッド・ソロー
ふられた女性を生涯忘れることができなかったソローの言葉

Henry David Thoreau
随筆家　1817－1862。ウォールデン池畔に丸太小屋を建て、自給自足の生活を2年2ヵ月間送った。その記録をまとめた『ウォールデン─森の生活』が代表作。思想は後世の詩人や作家に大きな影響を与えている。

失くした恋の傷に一番効くのは
新しい恋の処方箋。

ヘンリー・デービッド・ソローは23歳のとき、家に遊びに来たエレン・シュアールという牧師の娘に恋をしました。田園を散歩し、ボートで遠出し、森の中で本の朗読を楽しむ生活。そんな中で、エレンに手紙で求婚するものの、思いは通じませんでした。自然を愛する生活の中で、ソローはエレンへの気持ちのやり場を失ってしまいます。この頃にソローが書いた「シンパシー（共感）」という詩には、「愛し方がもっと弱かったなら愛せたかもしれない」といった記述があり、エレンへの思いが綴られているかのような表現がみられます。28歳になってウォールデン池畔に移ると、森の木を伐採して丸太小屋をつくり、自給自足のひとり暮らしをはじめます。その信念は「人は、かまわないでおける物事の数に応じて豊かになれる」など、できるだけ自然でシンプルな生活を求めるもの。「自然は僕の花嫁」と綴り、ある女性から受けた求婚を断り、最後まで独身を貫きました。そしてソローがこの世を去るときに、エレンのことを「ずっと愛していた」と語ったとされています。見つけられなかった次の恋と、消えなかったエレンへの思い。もっと恋する以外には、失恋につける薬はなかったのです。ソローが実体験から悟った、失恋の癒やし方。失くした恋の傷には、新しい恋が一番効くのです。

思いを断ち切るために
To stop loving him

ふさわしくない男と
長くつきあうほど
運命の男性と出会う
チャンスを
逃しているのよ

The longer you're with the wrong person; you could be completely overlooking the chance to meet the right person.

テイラー・スウィフト
インタビューより

Taylor Swift

歌手　1989-。グラミー賞で女性アーティストとして初めて2度の「年間最優秀アルバム」を獲得。CD総売り上げ4000万枚以上、楽曲ダウンロード数は1.3億超。TV番組『テラスハウス』のテーマ曲も人気を博す。

ひとりの時間は、本当にいるべき人との出会いの準備のとき。

別れを経験すると、何かが自分から抜けおちたような、心が欠けてしまったような、満たされない思いに襲われてしまいます。心が悲鳴をあげて、知らないうちに涙がこぼれて、何を見ても目に入らず、音が耳をすりぬけていく……。でも、心にあいた穴がどんなに大きくても、人は自然とそれを埋めようとします。そして、大きな痛みを感じたあとに小さな喜びを味わうと、それはとても大きくふくらんでいくものです。心が痛くても、さみしくても、少しだけ落ち込んだら、「自分にはふさわしくなかったんだ」とふっきること。足踏みをしている間に、本当に出会うべき男性との出会いを見逃してしまわないように。悲しみの記憶の回路はなかなか消えないけれど、外からの刺激が、新鮮な心の回路を作ってくれるはず。

　ふさわしくない男と長くつきあうほど
　運命の男性と出会うチャンスを逃しているのよ。

テイラー・スウィフトは、言葉で上手に気持ちをすくいあげてくれます。この言葉には、失恋した人、自分に合わない男性から離れられない人、あるいは自分自身に向けて……の想いが表れています。外に出て、新しい風景を目にし、人に出会って……。新しい記憶の通り道を作るために、そして自分にふさわしい人に出会うために。

ただそれだけでいい……
If only....

No. 55

愛してほしかった
せめて 好きでいてほしい

I wish you had loved me. I wish you liked me.

レベッカ・ウェスト
妻帯者のH.G.ウェルズへ

Rebecca West
作家・ジャーナリスト　1892-1983。フェミニズムのスポークスパーソンとして名声を確立。作家H.G.ウェルズとの10年間の不倫関係で子供を出産。30歳で渡米し、米大統領から世界最高のレポーターと評された。

意地を張らないこと。
思いが見えるように、心を開くこと。

作家H.G.ウェルズとの道ならぬ恋を10年続けたレベッカ。最初の１年目のこと——家庭を持つ人との恋に多くみられるように、別れを告げられていました。レベッカは、相手を責めたてるような文章で「あなたはオールドミスみたいな考えだから、どうしようもないほどに恋に身をやつしている女性は見苦しく自然の摂理に反すると感じてしまう。でも、あなたはもっと上品な考え方をするべきよ」と脅迫するような手紙を書いてしまいます。でも、本当の心情は「一緒にいたい」「好きでいてほしい」。文章の最後に本当の気持ちを吐露します。

> もう一度あなたに腕を回されるためなら命をなげだしてもいい。
> 愛してほしかった。せめて、好きでいてほしい。
> P.S.　わたしを完全に放り出してしまわないで。わたしがもし生きていたら、たまに手紙をください。（中略）そこまで嫌われてはいないとわたしは自分に言いきかせています。

この手紙のあとウェルズとよりを戻し、１年後には子供を出産します。それから８年経ち、互いの仕事も生活も変化する中で、ふたりはこの恋に完全な終止符を打ちました。レベッカは一念発起して生まれ育ったイギリスからアメリカに渡ります。そして米大統領に「世界最高のレポーター」と評されるほどの活躍をしました。

第６章　失恋と傷心のおくすり

身勝手な愛
A self-centered love

お前を誰よりも愛してゐました

I loved you more than anyone else.

太宰 治
妻・津島美知子へ宛てた遺書

Osamu Dazai

小説家　1909-1948。主な作品に『走れメロス』『お伽草紙』『人間失格』など。作風から坂口安吾らと共に新戯作派、無頼派と称され、没落貴族を描いた小説『斜陽』は斜陽族という当時の流行語も生み出した。

身勝手な恋にこたえる献身的な愛。
恋のバランス感覚はいたずらなもの。

妻との間に次女の里子が生まれる３日前のこと。太宰治は、三鷹の屋台で27歳の山崎富栄と出会います。政治や経済など知的な話を聞き、悩みまで吐露されるうちに、富栄は太宰の虜になりました。その１週間前、太宰は愛人の太田静子に妊娠したと打ち明けられていました。こうした現実から逃げるために太宰は富栄にもたれかかり、仕事場も富栄の家に移します。愛人の静子に女の子が生まれると「治子」と命名し、富栄の部屋で認知届を書く状況でした。やがて、不眠症と胸部疾患で苦しむ太宰は『人間失格』を執筆しながら衰弱が激しくなります。そんなある夜半、富栄と玉川上水に入水してこの世を去ります。この手紙は妻・津島美知子宛ての遺書でした。

子供は皆　あまり出来ないやうですけど　陽気に育ててやつて下さい　たのみます　ずゐぶん御世話になりました　小説を書くのがいやになつたから死ぬのです　いつもお前たちのことを考へ　さうしてメソメソ泣きます

美知様　お前を誰よりも愛してゐました

妻と子どもを思いやる気持ちと、身勝手さが混沌として、そんなことは承知だった美知子の複雑な思いが慮られる内容です。愛人とこの世を旅立った太宰治の遺体は、満39歳の誕生日に見つかりました。

第６章　失恋と傷心のおくすり

私を愛し続けて
Love me always.

私を愛し続けてほしい
君は私の人生の 究極の
完全なる愛なのである

Love me always.
You have been the supreme,
the perfect love of my life.

オスカー・ワイルド
青年・ボジーへ

Oscar Wilde

作家　1854－1900。小説『ドリアン・グレイの肖像』、童話『幸福な王子』、詩劇『サロメ』などを著した耽美主義の旗手。結婚して2人の男の子を授かるが、同性愛を咎められて収監。出獄後、失意の中で没した。

あなたを好きなことが、私の誇り。
そっと伝える勇気を。

オスカー・ワイルドは、"ボジー"と呼ばれたアルフレッド・ダグラス卿と恋に落ちました。若く美しく、そして身勝手なボジーに熱をあげ、ボジーの父親とトラブルとなり、当時は違法だった同性愛が露見してしまいます。投獄され財産も失いながら、それでも冷めないボジーへの愛。

> 私を愛し続けてほしい、私を愛し続けてほしい。君は私の人生の、究極の、完全なる愛なのである。他には誰も考えられぬ。こうして愛することこそ崇高であり美しいのだと、私は思い至った。私たちは、一緒にいることが叶わなかった。しかし意気地なしとも臆病者とも言われるのはごめんだ。偽名、変装、追われる人生。そんなものは私に……君が美しく光り輝くものに覆われた丘の頂を見せてくれた男に似つかわしいものなどではない。

気持ちは結ばれたまま、引き離されていくときの切なる願い。自分のことを愛し続けてほしい。それは、恋してしまったときの、どうにもできない心の叫び。一緒にいたいがためにすべてをなげうち、世界中を敵にまわす覚悟でいながら、それでも叶わない思い。別れたくない一心で書かれたラブレターの一節は、時代も性別も超えて、今でも誰にでも共通する、純粋な熱い思いです。

恋を失う不安
Fear of losing love

こんど僕は失恋したら
完全に駄目になってしまう

If I fall out of love with you,
I'll be totally useless.

新美南吉
同僚・山田梅子へ

Nankichi Niimi
児童文学作家　1913-1943。雑誌『赤い鳥』の出身作家の一人であり、代表作『ごんぎつね』はこの雑誌に掲載されたのが初出。ほかの作品に『手袋を買いに』など。29歳の若さで結核で亡くなり、生涯独身だった。

恋に自信なんて持てないから
すがるように「好き」と伝えてみる。

南吉は、同じ学校で代用教員をしていた梅子に恋をします。その手紙では、結婚を迫ると同時に、こんな不安も漏らしていました。

> こんど僕は失恋したら完全に駄目になってしまう。そんな気がする。だが、あなたはそんないゝ加減な人ではないだろう。

温かい作風とは少しニュアンスが異なり、余裕が感じられず相手に詰め寄るような内容。そうかと思えば、今度はへりくだってお願いをしています。

> 僕はほんの少しの物質と低い社会的位置しか得られないだろう。物足りないと思うでしょうがそれで我慢して下さい。あなたが本当に愛して下さるなら。

結婚をしてもらえるかどうか、揺れ動く不安な心。そんな揺らぎが手紙全体から感じられます。南吉は、生涯で3人の女性と恋愛をしました。最初は自分と同じ愛知県半田の岩滑に住んでいた木本咸子、次が河和第一尋常高等小学校で同僚だった山田梅子、最後が『ごんぎつね』に登場する中山さんの子孫で医者だった中山ちゑという女性だったとされています。南吉は梅子との結婚を果たせず、生涯独身のまま、29歳の若さで結核でこの世を去りました。

何を言いたかったの？
What did you mean to say?

あなたの声が聞こえない……

I can't hear your voice…

キャサリン・ヘップバーン
亡くなった恋人・スペンサー・トレイシーへ

Katharine Houghton Hepburn
女優　1907-2003。映画『招かれざる客』『黄昏』などでアカデミー賞主演女優賞を4回受賞。9作品で共演したスペンサー・トレイシーとは名コンビで、結婚しないまま20年以上を共に過ごし、最期を看取った。

相手の気持ちが見えないときは、
そばに寄りそうことから。

アカデミー賞主演男優賞に9回ノミネートされた大スター、スペンサー・トレイシー。共演したキャサリンは、「男が男だった時代の人」とスペンサーを慕い、恋に落ちました。そして、スペンサーは宗教上の理由で妻と離婚しないまま、20年以上をキャサリンと共に過ごします。キャサリンは、彼が病に伏すと5年間仕事を休んで看病し、最期も看取りましたが、家族に遠慮して葬儀に出席しませんでした。亡くなって18年後、キャサリンはスペンサー宛てにこんな手紙を書いています。

> 私があなたに手紙を書くなんて誰が思ったでしょうね。あなたが亡くなったのは1967年6月10日。ああ、もう18年にもなるのね、スペンス。ずいぶん前のことになってしまって。そちらでは、もう幸せになれたかしら？ 心安らかに休んでいる？ 生きている間はずっと休めなかったものね。（中略）眠れないことについて、あなたはこう言っていたわね。地下7フィートまで下りないと安心できないって。でも、なぜ脱出用ハッチをずっと開けていたの？ ──優れた俳優という自分から逃げ出すため？（中略）なんて言ったの？ あなたの声が聞こえない……。

スペンサーの死後18年たっても心にずっと残るのは、彼への思いと、あのときの気持ちが知りたいやるせなさ。なによりも、声だけでも聴きたい思いが書かせた、天国へのラブレターです。

Column 2

失恋に効く名言サプリ
Quotation of medicine to work on your heatbreak.

恋人と別れたり、好きな人にふられたり、恋に臆病になったとき、先人たちが、こんな言葉であなたを応援します。

No. 60

別れる男に花の名を一つ教えておきなさい
花は毎年必ず咲きます

Tell him a flower's name when you break up with him.
That flower will bloom every year.

川端 康成　Yasunari Kawabata
小説家・文芸評論家

No. 61

後悔はしないこと
もし恋がうまくいっているなら素敵なことだし
うまくいかないときには
経験を積んでいると思うのよ

Never regret. If it's good, it's wonderful. If it's bad, it's experience.

ヴィクトリア・ホルト　Victoria Holt
小説家

No. *62*

女の子が覚えておくべきこと
それは　自分を必要としないヤツなんか
いらないってこと

No girl should ever forget that she doesn't need anyone who doesn't need her.

マリリン・モンロー　　Marilyn Monroe
女優

No. *63*

恋をして恋を失ったほうが
一度も恋をしなかったよりもましである

Tis better to have loved and lost than never to have loved at all.

アルフレッド・テニソン　　Alfred Tennyson
詩人

第 7 章

伝えるカギ
〜告白とプロポーズ〜

How to Convey Your Feeling -
Owning Up to a Confession and a Proposal

No.64

幸せになりたいなら
なりなさい

If you want to be happy, be.

トルストイ

Lev Nikolaevich Tolstoi

小説家・思想家　1828 - 1910。ドストエフスキーやツルゲーネフと並んで19世紀ロシア文学を代表する文豪。代表作に『戦争と平和』『アンナ・カレーニナ』など。34歳で18歳のソフィアと結婚し、9男4女に恵まれた。

すごくすごく、結婚したいとき
When you are eager to get married.

ボクはキミを
とても愛していて
すごくすごく スグにでも
キミと結婚したいんだ

I love you very much and would like to marry you very, very soon.

チャールズ・イームズ
恋人・レイへ

Charles Eames Jr.

デザイナー・建築家　1907-1978。妻のレイ・イームズやジョージ・ネルソンと共に画期的で斬新な家具をデザインし、モダンデザインのパイオニアとして活躍した。日本でも「シェルサイドチェア」などが特に人気。

シンプルでまっすぐ。
遊び心と機能性を備えた愛の伝え方。

「これは人の興味をそそる刺激的なものだろうか？」「"真剣に楽しい"だろうか？」……イームズはそう考え続け、シェルサイドチェアのようにポップでありながら、永く愛される作品を生み出しました。そんな感性がにじみ出た作風のように、イームズの手紙は女性から見たら愛おしく思えるような内容です。思いがすべて伝わってくる生き生きした文面で、ありのままの率直さが愛おしさを感じさせるプロポーズです。

> ボクはキミをとても愛していて、すごくすごく、スグにでもキミと結婚したいんだ。ボクは、生活を支えられるか約束はできない——けれど、もしキミがボクにチャンスをくれるなら、死ぬ気でガンバルと約束するよ。
>
> ＊スグにでも　というのは、"ものすごくスグ"という意味。キミの指のサイズを教えてくれる？　病院についたらすぐに、大量の素敵な手紙を書くよ。
>
> 　　　　　　　　　　　　　　　　　愛をこめて。チャーリー

すっきりとして現代的で、遊び心と機能性を備え、洗練されていてシンプルで美しい。それがニューヨーク近代美術館の永久収蔵品まで生み出した「イームズ」らしさ。ラブレターにもそんな感性が映し出されています。

♥ 第7章　伝えるカギ〜告白とプロポーズ〜

愛を知る
To know what love is

もし僕が
"愛"というものを
知っているとしたら
それは君がいるからだ

If I know nevertheless what love is, it is because of you.

ヘルマン・ヘッセ
小説『知と愛』より、ナルチスのセリフ

Hermann Hesse
作家　1877-1962。20世紀前半のドイツを代表する文学者。南ドイツを舞台に穏やかな人間の生き方を描く作品が多い。『ガラス玉演戯』などの作品が評価されノーベル文学賞を受賞。代表作に『車輪の下』など。

愛とは、自分ひとりでは知りえない
互いの化学反応で生まれるもの。

これはヘルマン・ヘッセの小説『知と愛』のセリフです。少年ながら知性の象徴のようなナルチスと、美しく生命力のある少年ゴルトムントは、修道院で出会いました。ゴルトムントは、自分の居場所は修道院ではないと悟り、放浪の旅に出ます。旅先で欲望のままに女性と愛欲をむさぼり、人を殺める罪を犯して死刑囚として収監されてしまいます。死刑執行の日に修道院長となっていたナルチスに助けられながらも、再び修道院を飛び出し、今度は重病人として戻ってきました。このセリフは、病床のゴルトムントと看病するナルチスとの会話の一節。ナルチスは知をもって愛を諭すはずが、愛に生きるゴルトムントを前にして、こんな風に語ります。

　もし僕が"愛"というものを知っているとしたら、
　それは君がいるからだ。

思想だけで社会を理解し、修道院生活で誰も愛することがなかったナルチスが、愛に自由であり、社会をくぐりぬけてきたゴルトムントに語る"愛"。それは、知に生きたナルチスが、愛に生きてきたゴルトムントを限りなく愛せたことで、はじめて真の愛を悟ることができたということでした。相手を思うことで知るのが愛。性別も知性も超えた感情が愛であると感じられる言葉です。

お似合いのふたり
Cute together

私はあなた用に
あつらえられたように
思わない？

Don't you think I was made for you?

ゼルダ・フィッツジェラルド
婚約者・スコット・フィッツジェラルドへ

Zelda Fitzgerald
小説家　1900－1948。『華麗なるギャツビー』『ベンジャミン・バトン　数奇な人生』の著者である夫のスコットに「アメリカで最初のフラッパー（新しい女性）」とあだ名され、狂騒の時代の象徴的存在とされた。

たとえば腕時計、あるいは上質なシャツ。
一緒に身に着けてほしい"私"という存在。

スコットは、小説『華麗なるギャツビー』で大成功をおさめる一方で、毎晩のようにパーティや酒を楽しみ、周囲からは好奇と批判の目で見られるようになっていきました。この手紙は、まだ結婚する前のゼルダが、沈んだ様子のスコットに送ったものです。

> そんなに落ち込まないで。私たちはすぐに結婚して、こんな孤独な夜を過ごす日々はすぐに終わるから。（中略）ふたりでいられたら、きっとあなたもこんなに心強いことはないと思うでしょう。

相手を想いやる様子がうかがえるフレーズではじまる手紙。スコットと一緒にいたいと望むゼルダが、身に着ける品にたとえて、自分はあなたにピッタリなのだと伝えます。

> 私はあなた用にあつらえられたように思わない？　あなたがオーダーメイドしたら、私があなたのもとに届けられたの。……身に着けられるために……腕時計みたいに、あなたに身に着けてほしい。……ボタンホールの花飾りのように。世界に向けて。孤独を感じるときには、あなたを助けたい。私がいなければ、何もできないと知ってもらうために。

自分がいなければあなたはダメだと知らせたい、私がいないとダメだと思ってもらいたい……。ゼルダのあふれんばかりの願いを託した手紙です。

やっと出会えた人
The one I have been looking for

あなたと一緒にいる時
ものごとはどこまでも単純
になって私はまるでずっと
前から探していたことを
見つけたような気がするのです

When I'm with you,
things become the simplest they have ever been.
I feel as if I've found something I'd been looking for.

須賀敦子
恋人・ペッピーノへ

Atsuko Suga

随筆家・イタリア文学者　1929 – 1998。20代後半から30代をイタリアで過ごす。イタリア文学の翻訳者として脚光を浴び、随筆家としても注目され『ミラノ 霧の風景』で女流文学賞、講談社エッセイ賞を受賞。

あなたがいてこそ完全で
やっとすべてはまわりだす。

須賀敦子は、パリ大学に留学するためにフランスに渡るものの、次第にイタリアに傾倒するようになりました。休みにはペルージャでイタリア語を学び、29歳で奨学金を得てローマに渡ります。この頃から、カトリック左派の思想のもと社会改革をめざすミラノの共同体「コルシア書店」の人たちと交流を始め、ジュゼッペ・リッカ（通称ペッピーノ）と出会います。これは、出会って3ヵ月ほどたったころ、旅先のフィレンツェから彼に宛てて送った手紙です。

> あなたと一緒にいる時、ものごとはどこまでも単純になって、私はまるでずっと前から探していたことを見つけたような気がするのです。こんな言い方をしてごめんなさい。あなたは安らぎを与えてくれるのです、それとも、これは本当の安らぎではないのでしょうか？

男女がおこす化学反応というのは不思議なもので、一緒にいることで、人としての新しい側面が生みだされます。自分の欠けた部分が補われ、すべてがまわりだし、幸福感に満たされていく。やっと見つけた、自分の半分。ふたりはウディネの教会で結婚式をあげてミラノに居を構えます。ところが、愛するペッピーノは41歳の若さで急逝。敦子は、たくさんの思い出が残るイタリアをひとり去り、日本に帰国します。

共に成長する
Growing together

一緒に成長しよう
そして幸せを手にしたこと
を実感しよう

Let's really grow together and find the happiness we know is ours.

リチャード・ニクソン
のちの妻・パットへ

Richard Nixon
政治家　1913-1994。弁護士として活躍した後に政治家に転身。アイゼンハワー政権で副大統領を務め、第37代大統領に就任。ウォーターゲート事件で、任期中に辞任した米国史上唯一の大統領となった。

一緒にしたいことを思い描いたら
生き生きと素敵な告白に。

若き日の弁護士リチャード・ニクソンは、アイゼンハワー政権で副大統領を務めました。1960年の大統領選ではジョン・F・ケネディの対立候補となるものの落選。このときのテレビ討論では、はつらつとしたケネディに対して、グレーのスーツのニクソンはぼやけてしまいメディア戦略に失敗。ところが、ラジオの弁論ではニクソンに軍配があがるなど、そのリーダー性は支持を集めていました。のちに第37代大統領となり、ベトナム戦争の終結を実現。東西冷戦時代のソビエトとの緊張緩和、中国と国交正常化など積極的な外交を展開し、歴史に名を残す大統領となります。そのニクソンを支えたのがファーストレディのパットでした。これはニクソンが弁護士時代に、パットにあてて書いた手紙です。

> 昼も夜も君に会いたい。一緒にいたい。だからといって、自分勝手な所有欲や嫉妬心ではないんだ。日曜日に遠出をし、週末には山々に出かけ、暖炉の前で本を読もう。何よりも一緒に成長しよう。そして幸せを手にしたことを実感しよう。

日曜日の遠出や週末の山々、暖炉の前の読書という穏やかな時間が目に浮かぶような表現で、自分たちの将来を映写した手紙。厳しい政治の世界に身を投じていく未来の大統領が、パットと一緒に過ごす時間と幸せを思い描いたラブレターでした。

第 8 章

恋愛と結婚のリアル

Reality of Love and Marriage

No.70

恋愛とは戦争のようなものだ
はじめるのは簡単だが
終わらせるのはとても難しい

Love is like war, easy to begin but very hard to stop.

メンケン
Henry Louis

ジャーナリスト　1880 - 1956。『ボルティモア・イブニング・ヘラルド』紙に関係して以来、終生ジャーナリズムの世界で活躍。ジャーナリスト兼文芸評論家となり、1920年代のアメリカ文学界に大きな影響を与えた。

結婚の本質
Reality of marriage

結婚は鳥かごのようなものだ
外にいる鳥たちは
　いたずらに中に入ろうとし
中にいる鳥たちは
　とにかく外に出ようともがく

Marriage is like a cage; one sees the birds outside desperate to get in, and those inside equally desperate to get out.

モンテーニュ
結婚生活の難しさについて語った言葉

Michel Eyquem de Montaigne
思想家　1533－1592。16世紀ルネサンス期のフランスを代表する哲学者。人間の本質を洞察し、生き方を探求して綴った主著『エセー』は、世界中に影響を与えた。6人の娘のうち成人したのは一人のみだった。

思想家が冷静に眺めた結婚生活は
楽しくもあり、逃げたいこともあり。

商業を営む富裕な家庭に生まれたモンテーニュ。父親の死をきっかけに37歳で法官を辞任し、代表作となる『エセー（随想録）』の執筆をはじめます。その中で結婚生活を続ける難しさを語っています。「結婚とは、厄介な事情がからまった取引であって、ひとりの女性の意志が長期間持続することは、なかなか困難なのである」。モンテーニュによれば、やがて愛情は薄れ、女性は男性に愛想をつかすはず。最後まで思いを寄せた女性と添い遂げられたなら幸せというもの。さらに、死別についても冷静な視線を送ります。

「夫の死に涙を流すことに、なにかしら名誉があるとしたら、それは生前に笑った妻だけに与えられるべきものだ」

「夫の生前に泣いた女たちは、寡婦となったら、心の中だけではなくて、表情に出して笑うがいい」

「夫に先立たれて、メキメキと元気にならないような寡婦は少ない――健康ばかりは、うそをつけないのである」

夫と楽しい生活を送ったものだけが、別れを悲しむ資格がある。そうでなければ隠さずにうれしそうにすること。鳥かごに入りたがった鳥たちは、やがてかごから解き放たれて、喜びを歌う……。デカルトやパスカルにまで影響を与えた思想家は、結婚のリアルも言い得ています。

第8章 恋愛と結婚のリアル

結婚したらすべきこと
What you should do after marrying.

結婚前には
両目を大きく開いて見よ
結婚してからは
片目を閉じよ

Keep your eyes wide open before marriage; and half shut afterward.

トーマス・フラー
結婚生活の中で悟った言葉

Thomas Fuller

牧師・歴史家　1608－1661。イギリスで初めて筆で生計を立てた著述家でウィットに富んだ筆致が有名。作品『The History of the Worthies of England』が死後に発売。最初の結婚で男子、2度目の結婚でも数人の子を授かった。

すばらしく見える時期をすぎたなら
見逃し、聞き流し、力を抜くこと。

結婚する前には、相手のいいところも悪いところもしっかり見て、あらゆる面を知っておきたいもの。果たして、本当にこの人と人生を歩みたいか、自分に必要な人かを見極めるために。すべてを見て、この人と一生一緒にいたいと思えたなら、うまくやっていけそうです。ところが、結婚して一緒に暮らすとき、相手のすべてを目にとめていては、気になるところも出てくるでしょう。特に、自分が好まない部分が目につきだした瞬間から、ふたりの関係はギクシャクしだすのも男女の常。だから、一緒になったあとは片目を閉じて、見すぎないくらいがちょうどいい。小さなことに囚われずに、生活の流れの中でゆっくりと時間をわかちあうほうが、互いに心地よく過ごせそうです。トーマス・フラーはイギリスの牧師であり歴史家でした。ウィットに富んだ作風で、後世に語り継がれる名言も多い人。最初の結婚で男の子を授かるものの、妻は他界します。2度目の結婚でも何人か子供を授かり、結婚生活の中で悟ったのがこの言葉でした。

　結婚前には両目を大きく開いて見よ。

　結婚してからは片目を閉じよ。

ウィットに富みつつ、核心をつく。イギリスで最初に筆で生計を立てるようになった著述家の、実感のこもった言葉です。

第8章　恋愛と結婚のリアル

愛をこめた粋なはからい
Adding love to an elegant manner

親愛なる大統領夫人へ
P.S. 彼──つまり私──は
あなたを愛し　崇敬します

Dear first lady,
P.S. He – I mean I, love and adore you.

ロナルド・ウィルソン・レーガン
米国大統領から妻・ナンシーへ

Ronald Wilson Reagan
俳優・政治家　1911-2004。ハリウッドで俳優として活躍後、政治家に転身。カリフォルニア州知事を経て、史上最年長で当選して第40代米大統領に就任。経済政策レーガノミクスを発表し、東西冷戦終結にも尽力した。

粋なアプローチで、感謝を表現。
心からのプレゼントです。

ロナルド・レーガンはハリウッドの二枚目俳優でしたが、やがて政治に目を向けるようになります。女優のナンシー・デイビスと再婚すると2人の子供にも恵まれ、やがて米国大統領に就任し、国をリードしていきました。これは、結婚29年目のこと。ロナルドはホワイトハウスの執務室で、自分を支えてくれた妻へのラブレターを執筆します。

親愛なる大統領夫人へ　きみが本来の職務を遥かに超えてなしたこと、すなわち、ある一人の男性（私）を29年間にわたって世界一幸せな人間にしてきた事実を、合衆国大統領として顕彰できるのは、この上なく名誉ある特権である —— 上記は、その女性の英雄的な資質に支えられたひとりの男のコメントだ。そして以下が、アメリカ合衆国大統領ロナルド・レーガンのサインとなる。

P.S. 彼 —— つまり私 —— は、あなたを愛し、崇敬します

大統領から大統領夫人に宛てた手紙は、わざと事務的で権威的な文面にするという粋なはからいで、むしろ愛情がにじみ出る内容でした。ロナルドが93歳で亡くなると、親交の深かったゴルバチョフ元ソ連大統領ほか、同時代の各国政府要人が葬儀に参列。最後に元大統領を見送ったのは、元大統領夫人のナンシーと家族たちでした。

深まる愛情
Deepening in love

僕には このまま最後まで
気持ちが深まり続けるんだ
と分かる

I do not doubt that this precious progression will continue on to the end.

マーク・トウェイン
妻・リヴィの誕生日に

Mark Twain
作家　1835-1910。『トム・ソーヤーの冒険』『王子と乞食』の著者として知られる人気の著名人だった。アーネスト・ヘミングウェイが「すべての現代アメリカ文学は『ハックルベリー・フィン』に由来する」とした。

恋愛期が過ぎ去ったら
苦楽を共にして深めていくのが愛情。

マーク・トウェインはミシシッピ川沿いの村で育ちました。この時代のアメリカらしく、家には黒人の使用人がいてお手伝いさんが第二の母親、その子供たちが遊び相手でした。ハックルベリーと逃亡奴隷ジムの描写は、子供の頃の体験が生かされたものだとされています。1870年、マークはアメリカ東部の裕福な家の娘オリヴィア（リヴィ）と恋に落ちて結婚します。お互いの故郷は対立する間柄ながら、ふたりは仲が良く、4人の子供に恵まれます。息子は幼児期に亡くなり、2人の娘も20代で他界したものの、幸せな結婚生活を送りました。この手紙は、1875年のリヴィ30歳の誕生日に書かれた一節です。

　——リヴィ30歳の誕生日に　去年の誕生日のときよりも、僕にとって、そして子供たちにとって、君はもっと大切な存在になっている。1年前よりも、今はとても大事なんだ。一緒に迎えた最初の誕生日のころよりずっとずっと大切になってきていて、僕には、このまま最後まで気持ちが深まり続けるんだと分かる。——君の気品あふれる優しさと、この30年という年月の威厳に、君と子供たちへの深い愛情をこめて、祝福を！

年月を経るにつれて深まっていくマーク・トウェインの愛情が便箋からこぼれおちてきそうな、結婚から6年目の手紙です。

第8章　恋愛と結婚のリアル

あなたの子供が欲しい
I want to have your babies.

No. 75

もしかすると
無理かもしれないけれど
あなたの
生まれるかもしれない
子供たちの母親になりたい

I will be - the mother of your children that will be born or not be born.

フリーダ・カーロ
恋人・ディエゴ・リベラへ

Frida Kahlo

画家　1907-1954。メキシコ現代絵画を代表する画家、民族芸術の第一人者。200点を超える作品の大半が太い眉が特徴的な自画像だった。画家ディエゴ・リベラを慕い結婚するが、イサム・ノグチらとも関係を持った。

痛みも恐れもすべてを包み込むように
心地よく、柔らかい気持ちの表現を。

尊敬する画家ディエゴ・リベラのもとを訪れたフリーダ。若きアーティストの作品への情熱はもとより、彼自身の美しさに魅せられていきます。フリーダにとってディエゴの励ましは芸術上欠かせないものであり、男性としても頼れる存在。ディエゴの女好きの評判もあって両親は大反対でしたが、それも押し切り、ふたりは結婚します。これは、フリーダからディエゴへのラブレターの一節です。

> あなたの家、あなたの母、あなたの愛になるわ。あなたが地球上の道を旅するための足底に、あなたの熱い血潮になり、怖れを感じるときには慰め、痛みや悲しみをやわらげる——
> もしかすると無理かもしれないけれど、あなたの、生まれるかもしれない、子供たちの母親になりたい。

21歳も年の離れたディエゴを母性で包み込むような、柔らかさと熱い思いの両方が感じられます。フリーダは若い頃、乗っていたバスが大事故にあい、鉄の棒に突き刺された姿で発見されます。もともと小児麻痺で不自由だった右脚を10ヵ所以上骨折、下腹部にもダメージを受け、子供は産めないとされていました。あるときディエゴの子供を妊娠するものの、やはり流産してしまいました。愛しい人の子供が欲しい。そんなフリーダの気持ちとやさしさが、痛いように伝わる手紙です。

パートナーへの感謝
Appreciation to your partner

もし愛情の口座がある
としたなら
僕は抱えきれないほどの
君からの愛という
負債を抱えているんだ

I always feel so overwhelmingly in your debt,
if there can be accounts in love.

ウィンストン・チャーチル
恋人・クレメンティンへ

Winston Leonard Spencer Churchill
政治家　1874-1965。1940年、英国首相となり1945年まで在任。第二次世界大戦を勝利に導き、ヨーロッパ合衆国構想を推し進め、アメリカと旧ソ連に並ぶ戦勝国としての地位を得た。ノーベル文学賞を受賞。

思いやり、支えたい気持ちは伝わってこそ生きるもの。

1904年、イギリスの政治家だったチャーチルはパーティでクレメンティンに出会います。4年後の晩餐会で再会すると、チャーチルは自ら彼女の隣に座り、ロマンスがはじまりました。チャーチルの収入は多いものの、金銭に無頓着で最高級の贅沢品ばかりを集める浪費癖がありました。そのため、クレメンティンが代わって家計を切り盛りし、チャーチルを陰から支え、演説の予行演習にもつきあっていました。このラブレターは、そんなチャーチルが、1935年の海外旅行中にクレメンティンに宛てて書いたものです。

> マドラスから届いた君の手紙は、君の人生が豊かになったなどと、私にとってとても大切なことが書かれていたよ。その手紙がどんなに喜びを与えてくれたか伝えきれないほどだ。もし愛情の口座があるとしたなら、僕は抱えきれないほどの君からの愛という負債を抱えているんだ。君の心とパートナーとしての存在がここ何年も支えであり、言葉にできないほどだ。

5人の子供にも恵まれた生活の中で、第二次世界大戦が勃発した翌1940年にチャーチルは英国の首相となりました。離れている時間は、こうして手紙を交わしてお互いの愛情を確かめ合う日々。相手を思いやり敬う気持ちは伝わってこそ生きるもの。ふたりの結婚生活は56年にわたりました。

第8章 恋愛と結婚のリアル

永遠の愛
Love forever

年老いた君の顔を
しばしば想像してみること
があるが それでも
僕は君を今と同じくらい
もしかしたらそれ以上に
愛していると思うのだ

I try sometimes to imagine your face when you are old, and it seems to me that I shall love you as much, perhaps more.

ギュスターヴ・フローベール
恋人・ルイーズ・コレへ

Gustave Flaubert

小説家　1821−1880。『ボヴァリー夫人』を発表し、文学上の写実主義を確立。ゾラ、モーパッサンに引き継がれて自然主義の潮流にのり、カフカ、プルーストにつながる現代文学の先駆者とされている。

温かい言葉の陰にある
男の猜疑心。

フローベールのかつての恋人・詩人のルイーズは、夫に先立たれ、愛人には経済的援助を打ち切られ、戯曲も不人気となるなど不幸が続いていました。そんな時、フローベールは、一度は別れを告げられたルイーズと再び会うようになります。かつては「ミューズ」と騒がれた美貌の詩人も40歳を過ぎていました。それでも心からフローベールを愛した女性です。彼女に心動かされたように、フローベールはこんなことを書いています。

> 年老いた君の顔をしばしば想像してみることがあるが、それでも僕は君を今と同じくらい、もしかしたらそれ以上に愛していると思うのだ。

年老いてなお気持ちは冷めないだろう……そんな愛情が読み取れる手紙。ところが、それを壊したのはルイーズの無分別でした。ルイーズは、「別の男性との子供を妊娠したけれど、あなたが不憫だから、結婚を断りました」と告げたのです。それはラブレターに書かれた愛の行方を自ら断ち切るような行為でした。でも実は、フローベールはこんなことも書いていました。

> 君が僕の欲する通りの姿であるのか、僕はいぶかっている。

温かい言葉の陰にあった男の猜疑心と、そこに光をあててしまった女。フローベールはかつての女神ルイーズに別れを告げることになりました。

優しくなくなった人へ
To the man not as kind as you used to be

あなたの態度が変わり
今までほど
優しくなくなったことも
申し上げなければなりません

I must confess that I have noticed a deterioration in your manner; and you are not so kind as you used to be.

クレメンティン・チャーチル
夫・ウィンストン・チャーチルへ

Clementine Churchill
イギリスの元首相夫人　1885-1977。夫ウィンストン・チャーチルが1940年に英国首相となり'45年まで在任。第二次世界大戦を勝利に導き、ノーベル文学賞を受賞する夫を陰で支え続けた。

夫へのアドバイスには
思いやりと愛情を添えること。

ドイツ軍のポーランド侵攻で第二次世界大戦が始まった翌年、ウィンストンはイギリス首相に就任しました。責任の重さと、そこから生まれるストレス。緊張感が漂う情勢の中で、唯一首相の態度についてまで進言できたのが、妻クレメンティンです。「あなたが知っておくべきこと」とした手紙は、夫をいさめる内容でした。

> あなたの側近のひとりから直接伺ったのですが、あなたはきつい皮肉や威圧的な態度のせいで仲間や部下から嫌われそうになっているらしいですよ。（略）私のいとしいウィンストン——じつは、あなたの態度が変わり、今までほど優しくなくなったことも申し上げなければなりません。（略）国王とカンタベリー大主教と下院議長をのぞいて、あなたは誰でも解雇することができます。これほどの権力を有しているのですから、礼儀と優しさと、そしてできればオリンピック級の冷静さをもって対処しなければ。（略）愛情深く献身的で注意深い妻をどうぞおゆるしください。

世界大戦中の一国のリーダーとしての重圧と闘うがための言動で、仲間や部下たちが離れていく……。決して責めるのではなく、夫を思いやる気持ちから、言いにくいことを自ら伝えていく。愛情が感じられる思いやりあふれる内容です。

♥ 第8章 恋愛と結婚のリアル

Column 3

愛に疑問を感じたときに効く名言
Quotations that work when I don't feel beloved.

恋人や夫との会話が少なくなったり、愛されていないと感じたときは、ふたりの関係を冷静に見直すチャンス。

No. 79

愛が恐れているのは　愛の破滅よりも
むしろ愛の変化である

Love is more afraid of change than destruction.

フリードリヒ・ニーチェ　　Friedrich Wilhelm Nietzsche
哲学者

No. 80

良し悪しの判断が増えるほど
愛することが減る

The more one judges, the less one loves.

オノレ・ド・バルザック　　Honoré de Balzac
小説家

No. 81

嫉妬は必ず愛とともに生まれるが
必ずしも愛とともに
死なない

Jealousy is always born with love but does not always die with it.

ラ・ロシュフコー　　　François de La Rochefoucauld
モラリスト

No. 82

真の恋の兆候は
男においては臆病さに
女は大胆さにある

*The first symptom of true love in man is timidity,
in a girl it is boldness.*

ヴィクトル゠マリー・ユーゴー　　　Victor-Marie Hugo
詩人・小説家

第 9 章

男女の真理と
ラブアフェア

The Truth Between Men and Women and Their Love Affairs

No.83

女性は過去を持った男が好き
でも プレゼント(現在)を
持った男はもっと好き

Women like a man with a past,
but they prefer a man with a present.

メイ・ウェスト
Mae West

女優・作家　1893－1980。米国映画協会歴代女優ベスト15位。チャップリンが「女から男を奪う女性」と評す。ビートルズ『サージェント・ペパーズ・ロンリー・ハーツ・クラブ・バンド』のジャケットに登場。

男と女の違い
The difference between men and women

男はいつも
女の最初の愛人になりたがり
女は常に男の最後の
愛人になることを望んでいる

Men always want to be a woman's first love-
Women like to be a man's last romance.

オスカー・ワイルド
男と女の関係について残した言葉

Oscar Wilde
作家　1854－1900。小説『ドリアン・グレイの肖像』、童話『幸福な王子』、詩劇『サロメ』などを著した耽美主義の旗手。結婚して2人の男の子を授かるが、同性愛を咎められて収監。出獄後、失意の中で没した。

男女の本質の違いから
少しだけ気持ちが見えそうです。

原始、男性は狩りをして家族を養い、女性は近隣との和を尊んで家族を守る……人間の社会的な営みが始まって以来、こんなふうに語られてきました。男性には獲物を捕りに行く本能が働き、身の危機を感じたり、弱さを感じたときほど子孫を残したい思いにかられる。そのため、女にほかに男がおらず、女が子供を産める状態であることが好ましい。一方女性は、子供を育て、家を守り、食事を作る。狩りをしてくる男が持ち帰る獲物は、わが子に食べさせたい。ほかの女や子供がいないほうが生活は豊かになってうまくいくから、自分が最後の女であることが好ましい……そんな一説。こうした人間の本質に恋心という衣を着せてみると、男は最初に彼女と関係のあった男を苦々しく思い、女はこれから先、彼の子供を産み、気持ちを奪うかもしれない女に不安を抱くことに。男女間にありがちな漠然とした不安は、人間が生きていくための本能そのものです。こうして男は女の過去に、女は男の未来に強い嫉妬を覚える──。

男はいつも女の最初の愛人になりたがり、
女は常に男の最後の愛人になることを望んでいる。
それはやがて、自分が最初であり、最後であるような愛を貫きたい……という本質的な望みに戻るのかもしれません。

人知れぬ恋
Secret love

いっそ世間へ知れるなら
知れてみよという気に
なります

Let's just let everyone know about us.

島村抱月
妻帯者の島村抱月から女優・松井須磨子へ

Hougetsu Shimamura
文芸評論家・作家　1871-1918。坪内逍遙と文芸協会を設立し、松井須磨子との不倫をきっかけに芸術座を結成。舞台『復活』が評判となり、劇中歌『カチューシャの唄』はレコード化され大ヒットした。

命にも代えがたい恋は
言葉よりも、神聖な思いで伝えたい。

自分たちの感情はどうにもならないほど燃え上がっているけれど、人に知られたくはない恋——。島村抱月には妻はもちろん、子供も5人いました。一人前になるために、妻の実家の世話にもなり、簡単に別れられない事情も抱えながら、須磨子への気持ちが抑えきれません……。

> ねえ、あれほど切ない思いを言いかわした手紙まで、すぐ裂きすてなくてはならないなんて、あんまりなさけないとは思わなくて?
> 考えてみりゃつまらない、馬鹿々々しい。命と思う恋は神聖だもの、一そ世間へ知れるなら知れてみよという気になります。いつまでも、こんな思いをしていては、ぼくはからだがつづかなかろうと思う。どうしたらいいかしら。どうしてぼくはこう深く思いこんでしまったのだろう。今なんかもぼくの頭は、あなたの外なんにもなくなっています。

妻に特別な欠点があったわけでもなく、5人の子供と家族で何の問題もなく生活をしていた抱月。ところが、須磨子への思いにあふれ、恋に溺れ、すべてを捨てるまでの勢いで、命をかけた思いをぶつける手紙をしたためました。結局、妻の実家への義理立てや妻との関係によって、離婚することなく、松井須磨子と同棲という形で結ばれていきました。

第9章 男女の真理とラブアフェア

にくらしい人
My lovable one

あゝ恋しいひと
にくらしい人

Oh my dearest, detestable one.

斎藤茂吉
弟子・永井ふさ子へ

Mokichi Saito

歌人・精神科医　1882−1953。伊藤左千夫門下であり、大正から昭和前期にかけての短歌結社誌『アララギ』の中心人物。代表作に『赤光』『あらたま』など。研究書や随筆も数多く残した。長男は斎藤茂太、次男は北杜夫。

こんなに苦しい思い……
恋の本質が表れた言葉。

斎藤茂吉は、52歳のときに25歳の女性と恋に落ちています。茂吉が愛したのは、弟子の永井ふさ子。出会いは正岡子規を偲ぶ歌会で、その時茂吉は妻とは別居中でした。美しいふさ子に熱をあげた茂吉は、相手を欲する気持ちをそのまま手紙でぶつけました。

> 今ごろはふさ子さんは寝ていらっしゃるか。あのかおを布団の中に半分かくして、目をつぶって、かすかな息をたててなどとおもうと、恋しくて恋しくて、飛んででも行きたいようです。あゝ恋しいひと、にくらしい人。

別居中とはいえ、妻のある身。恋に執着しながらも、周りにはこの関係を秘密にしようと心を砕きます。でも、老境に入ってなお、おさえようもないほど恋しい。こんな恋をさせるほど美しいあなたが愛しくにくらしい……そんなジレンマが感じられる表現。この頃の歌には、恋をする人間に特有の華やいだ気持ちと、どこか憂いを帯びた哀しみの言葉が表れていました。

> 年老いてかなしき恋にしづみたる西方のひとの歌遺りけり

茂吉は年をとってからの恋にとまどいながら、さめざめと泣いたり、それでいて元気をもらったりという生活を送ります。最後かもしれない恋に喜び憂う姿は、本能と人としての在り方との板挟みで悩む姿が浮き彫りにされるようです。

第9章 男女の真理とラブアフェア

遠距離恋愛
A long distance relationship

不在によって
私たちの間に距離が空き
ますます熱は高まっていく

Absence has placed distance between us,
nevertheless fervor increases.

ヘンリー8世
侍女・アン・ブーリンへ

Henry VIII

イングランド王　1491－1547。テューダー朝第2代のイングランド王、アイルランド卿、のちのアイルランド王。6度の結婚に加えて、ローマ・カトリック教会からイングランド国教会を分離させたことでも知られる。

宇宙の広さと太陽の熱のように
思いは離れるほどに熱くなる。

ヘンリー8世がアン・ブーリンに初めて出逢ったのは、まだ前妻のキャサリンと結婚していたときのこと。侍女だったアンに恋をしますが、アンは愛人ではなく正式な結婚を望みました。ところが、ローマ・カトリック教会は離婚を認めていなかったため、ヘンリーと教会は断絶。アンに会えないヘンリーは、熱い思いを広い宇宙の距離と太陽の熱になぞらえて、こんなラブレターを書いています。

私の身も心もあなたに捧げ、それによってあなたが幸福になるよう、そして会えずとも、あなたの気持ちが離れて行かぬよう祈っている。（中略）太陽から遠くなるほど距離は離れるというのに、太陽の熱はよけいに熱く感じられるだろう。まさに、私たちの愛情と同じである。不在によって私たちの間に距離が空き、ますます熱は高まっていく。少なくとも、私にとっては。あなたにとっても同じであればいいと願わずにはいられない。

のちにヘンリーはアンと内密に結婚して、自らイングランド国教会の長となり、キャサリンを宮廷から追放します。アンとの間に生まれた女児が後に、スペイン無敵艦隊を破るエリザベス1世となりました。その後、アンが男児を流産したことを境に、ヘンリー8世の寵愛は冷めていきます。そしてアンは複数の男性との姦通罪で処刑され、この世を去りました。

最後の恋
The last love

私の恋愛生活は恐らく
是(こ)れが最後では無いかと
思ひます

This will be the last love of my life.

有島武郎
人妻・波多野秋子へ

Takeo Arishima

小説家　1878－1923。欧米で学びイプセンらの西欧文学、ニーチェなど西洋哲学の影響を受ける。志賀直哉や武者小路実篤らと同人『白樺』に参加。代表作に『カインの末裔』『或る女』、童話『一房の葡萄』。

すべてを託したラブレターは
ふたりを結びつける絆。

ハーバード大学を始め欧米に学び、英語講師となった有島武郎は、やがて『白樺』の同人となり創作活動を始めました。妻の安子が亡くなった後に活動を本格化すると、永井荷風や芥川龍之介らと並ぶ売れっ子となり、なかなか原稿を書かない三大大物作家と呼ばれるまでになりました。そこへ、雑誌『婦人公論』の記者で美人と評判だった、波多野秋子が原稿の依頼にやってきます。独り身の有島はすぐに秋子と恋に落ち、夫が留守の間に秋子の家でふたりは結ばれます……が、それは夫がふたりの密会現場を押さえるための罠。罪の意識から秋子と別れる決心をします。

> 愛人としてあなたとおつき合ひすることを私は断念する決心をしたからです。(中略)――私の恋愛生活は恐らく是れが最後では無いかと思ひます。この次に若し来るとしたらそれは恋愛と死との堅い結婚であるでせう。

思いを断ち切れず書いた手紙は、心の迷いを相手に伝え、決断を託しているかにも見えます。この手紙から2ヵ月後、ふたりは軽井沢の有島の別荘で共に首を吊って自殺しました。ラブレターとは裏腹に、遺書には死ぬことへの迷いなど一切みられず、むしろ最後に結ばれて幸せだったかのようです。ふたりの遺体は静かに時をすごし、約1ヵ月後に発見されました。

第9章 男女の真理とラブアフェア

穏やかで満たされた関係を
Wishing for a calm and content relationship

なんにも気取らず
はにかまず
おびえない仲
そんなものでなくちゃ
イミナイと思ふ

Our relationship should be frank, not shy and cowardly.
Otherwise, there is no meaning to being together.

太宰 治
愛人・太田静子へ

Osamu Dazai

小説家　1909‐1948。主な作品に『走れメロス』『お伽草紙』『人間失格』など。作風から坂口安吾らと共に新戯作派、無頼派と称され、没落貴族を描いた小説『斜陽』は斜陽族という当時の流行語も生み出した。

互いの求めるものが違うとき
恋愛は不協和音を奏ではじめる。

太宰のファンだった太田静子は、「遊びにいらっしゃい」という返事をもらい、4歳年上の太宰と会うことになります。名門の家の出の静子は、エリート会社員と結婚したものの2年で離婚していました。太宰はそんな静子の母をモデルにして没落した旧家の悲劇を書くために、日記や手紙を借りて『斜陽』の執筆をはじめます。一方で太宰にのめりこむ静子は、やがて「赤ちゃんが欲しい」と言うようになります。太宰は静子に「手紙は妻に怪しまれるため小田静夫という名前で出すように」と指示し、関係を続けていきます。

> 拝復　静夫君も、そろそろ御くるしくなつた御様子、それではなんにもならない。よしませうか、本当に。かへつて心の落ちつくコヒ。憩ひの思ひ。なんにも気取らず、はにかまず、おびえない仲。そんなものでなくちゃ、イミナイと思ふ。（中略）よくお考へになつて下さい。私はあなた次第です。（赤ちやんの事も）あなたの心がそのとほりに映る鏡です。

太宰に必要なのは、燃え上がるよりも穏やかな恋でした。やがて静子は太宰の子供を身ごもり、太宰は別の愛人・山崎富栄の家で、静子との子供に「治子」と命名し認知届を書くことになります。

Column 4

万葉集　男と女の恋の歌

Dialogue poem between a man and a woman.

いつの世も道ならぬ恋は刺激的。人妻・額田王と夫の弟である大海人皇子が、ある日の野原での出来事を詠んだ歌です。

[女]

（原文）
あかねさす　紫(むらさき)野(の)行き標(しめ)野(の)行き
野守(のもり)は見ずや　君が袖振る

『万葉集』巻1・20より　額田王(ぬかたのおおきみ)

＊あかねさす―赤い色がさして、美しく照り輝くことから「日」「昼」「紫」「君」などにかかる枕詞／紫野―朝廷の狩猟地となった野原。ムラサキを栽培している園／標野―皇室・貴人が領有し、一般の立ち入りを禁止した野。狩り場などに用いた／野守―立ち入りが禁止されている野の番人

光り輝く　ムラサキ草のフィールドで
みんなの視線を気にせずに
あなたが手を振っている

Even though many people will see it,
you just wave your hand carelessly
in the shining bugloss field.

[男]

(原文)

むらさきの　にほへる妹を　憎くあらば
人妻ゆゑに　われ恋いめやも

『万葉集』巻1・21より　大海人皇子（おおあまのみこ）

＊にほふ―美しさがあふれている／妹―愛する女性（妻・恋人など）のこと／やも―…かなあ、いや…ない。詠嘆の意をこめつつ反語の意を表す

花が香り立つように美しいキミを
憎めるわけなんてない
恋してはいけない人妻なのに
こんなにも恋しいんだ

How could I hate such a beautiful woman, like a lovely scented field flower?
Although you are a married woman I should not fall in love with, I still miss you deeply.

初夏の晴れた日。ムラサキ草が風にそよぐ、狩猟地でのできごとです。天智天皇は、中臣鎌足（なかとみのかまたり）をはじめとする人々を連れて狩りにやってきました。その一行として、額田王と大海人皇子が再会することになります。かつてふたりは好き合って結婚をし、ひとりの皇女も授かっていました。ところが、額田王は大海人皇子の兄・天智天皇の寵愛を受けて後宮へと移ってしまったのでした。御料地の野原にはロープが張られ、男たちは狩りをし、女たちは漢方薬になる紫根を集め、その周りを番人たちが守っていました。そんな中で、兄に奪われたかつての妻を遠くに見た大海人皇子は、うれしさのあまり額田王に向かって手を振ります。でも、今の額田王は、兄・天智天皇の寵愛を受ける身。しかも天皇は今日の狩りの主催者としてここにいる……。「恋してはいけない人妻なのに、こんなにもキミが恋しいんだ」。大海人皇子は、自分の気持ちをストレートに歌に託しました。そして、兄弟の間で揺れ動く額田王は「人妻でも好きだ」と言われてうれしい反面、知られては困る気持ちから周りの視線が気になります。実はふたりは戯れに歌を詠んだとの説もあり、恋の三角関係の真実は謎のまま。天智7年（668年）、初夏の恋の一編です。

第 10 章

幸せになるために
～愛情表現～

To Be Happy ～ Express Your Love ～

No.90

愛は お互いを
見つめ合うことではなく
ともに同じ方向を
見つめることである

*Love does not consist in gazing at each other,
but in looking together in the same direction.*

サン＝テグジュペリ
Antoine de Saint-Exupéry

フランスの作家・飛行士　1900 - 1944。郵便輸送パイロットとして活動後、偵察飛行士に。コルシカ島から偵察飛行に出て消息を絶つ。代表作に『夜間飛行』『人間の土地』。『星の王子さま』は世界各国で愛読されている。

互いを愛する
Love one another

口げんかをすることもなく
ただ お互いを愛するの

Without arguments or anything, only to love one another!

フリーダ・カーロ
よりを戻した夫・ディエゴ・リベラへ

Frida Kahlo

画家　1907-1954。メキシコ現代絵画を代表する画家、民族芸術の第一人者。200点を超える作品の大半が太い眉が特徴的な自画像だった。画家ディエゴ・リベラを慕い結婚するが、イサム・ノグチらとも関係を持った。

一緒にいられる喜びを言葉にするだけで心はやわらかくなります。

画家のディエゴ・リベラとフリーダは「互いのために生まれた」とまで表現するほどの恋をして結婚しました。ところが、互いに異性の影がちらつくなどが原因でケンカが絶えず、離婚してしまいます。フリーダは生涯に多くの恋愛をした女性。リベラをはじめ、若い彫刻家イサム・ノグチ、峻烈(しゅんれつ)なロシアの革命家レオン・トロツキーとも関係を持ちました。一方、夫のディエゴも情事は絶えず、フリーダの不義は、彼女の妹とまで関係を持った夫への意趣返しだったのではないか……という見方もされています。ふたりが離婚していた時期にトロツキーが暗殺されて、フリーダにも暗殺にかかわった容疑がかけられます。心配したディエゴは彼女を呼び寄せ、ふたりは再び結婚しました。これは、ふたりがよりを戻したのち、フリーダがディエゴに宛てた手紙からです。

> フレスコ画が仕上がったら、私たちはずっとずっと一緒にいられるわ。口げんかをすることもなく、ただ、お互いを愛するの。行動をつつしんで、エミー・ルーに言われたようにしてね。今までよりももっとあなたが愛しく思える。あなたのフリーダ。(手紙をちょうだい)

嵐が過ぎ去ったあとの穏やかな凪(なぎ)のような、ディエゴを愛する気持ち。ただ一緒にいられる幸せが、文面に滲み出る手紙です。

第10章 幸せになるために〜愛情表現〜

相手の幸せを願う
Wishing you happiness

私が幸せになるのと
同じくらい
君が幸せになってくれたらと
願ってやまない

How I do hope you may be happy, as I know I shall be.

チャールズ・ダーウィン
のちの妻・エマへ

Charles Darwin

自然科学者　1809-1882。5年間ビーグル号で世界一周し、生物の進化に関する資料を集めて種の形成理論を構築し、『種の起原』を執筆。全ての生物種が共通の祖先から「自然選択」のプロセスで進化するとした。

究極の愛情表現は
相手の幸せを願うこと。

チャールズ・ダーウィンは、太平洋にあるガラパゴス諸島で、独自に進化した生き物たちの観察から『進化論』を打ち立てました。5年もの間旅をしてきたダーウィンにとって、「結婚」はすぐに飛びつくものではなく、「結婚」と「結婚しない」のメリット・デメリットをそれぞれリストアップしたとされています。「結婚」のメリットは「永遠の伴侶、年をとってからの友人、愛され共に遊び……いずれにせよ犬よりまし。よくできた優しい妻が暖炉のいい炎の前でソファに座り楽しむ様子を想像してみること」、欠点は「本のためのお金が減る」など。ところが、エマとの結婚を決めると心は落ち着いていきます。

　……メアへの訪問がどれだけ楽しかったか、私には筆舌に尽くしがたい。将来訪れるはずの平穏な人生を想像した。私が幸せになるのと同じくらい、君が幸せになってくれたらと願ってやまない。(中略) あの5年間の旅の間に私はだんだん野蛮さを失っていき、積極果敢に過ごしたあの年月を経て本当の人生が始まった。私の喜びはすべて、心の中を過ぎてゆくものたちを通して生まれてきた。自分の姿を眺め、手つかずの砂漠や雄大な森を歩き、小さなビーグル号の甲板を夜中に歩き回りながら。

ビーグル号での航海は、冒険ロマンや研究作業の達成ばかりでなく、ダーウィンに安らぎの感情をもたらしたようです。

第10章 幸せになるために〜愛情表現〜

優しさの交換
Sharing affection

No. 93

僕の女神よ
君はとても優しい言葉を
僕にかけてくれる

You say to me very tender things, dear Muse.

ギュスターヴ・フローベール
恋人・ルイーズ・コレへ

Gustave Flaubert

小説家　1821-1880。『ボヴァリー夫人』を発表し、文学上の写実主義を確立。ゾラ、モーパッサンに引き継がれて自然主義の潮流にのり、カフカ、プルーストにつながる現代文学の先駆者とされている。

優しさには、優しさで返す。
幸せになれる相乗効果。

現実を直視せず婉曲して伝えるロマン主義者であると同時に、リアリストでもあったとされるフローベール。代表作の『ボヴァリー夫人』は、田舎の平凡な結婚生活にあきた主人公エンマ・ボヴァリーが、不倫と借金の末に自殺するまでを描いた作品でした。作者のフローベール自身、追い求める理想を人生が満たしてくれない腹いせに、自ら泥沼に身を投じるかのような生き方をした人。「エンマは私自身である」というほど自分を投影していました。たとえば素敵な異性とめぐり合い、成功する自分を空想し、一攫千金を夢見たとしても、ふつうなら道をはずれようとすると自制心が働き、思い切れず、生活を壊すようなことにはなりません。ところが、エンマ・ボヴァリーはフローベールの空想どおりの生き方をしてくれます。理想に近い思い切った破滅的な生き方。フローベールはそんな思いを胸に、熱い思いで恋人にこんな言葉を綴ります。

> 僕の女神よ、君はとても優しい言葉を僕にかけてくれる。それでは、その言葉たちのお返しに、君が想像するよりもさらに優しい物を受け取ってくれたまえ。

破天荒で気難しいフローベールが、「女神」と呼んだ女性に贈った、心地よく優しい言葉。愛してくれた女性への優しさ返しです。

僕の愛を信じて疑わないで
Never doubt my love

No. 94

体に気をつけ
春風に注意すること
──僕の愛を信じ 疑わぬこと

To take care of your health and to beware of the spring breezes.
To feel absolutely assured of my love.

ヴォルフガング・アマデウス・モーツァルト
妻・コンスタンツェへ

Wolfgang Amadeus Mozart
作曲家・演奏家　1756－1791。ハイドン、ベートーヴェンと並んでウィーン古典派三大巨匠のひとり。一般に知られる代表作に『アイネ・クライネ・ナハトムジーク』『トルコ行進曲』、オペラ『魔笛』などがある。

惜しみなくそそぐことで、
返ってくるのが愛情。

モーツァルトは6歳のときにオーストリアの女帝マリア・テレジアの前で演奏をするなど、神童と呼ばれる音楽家でした。女王の前で、のちのフランス王妃マリー・アントワネットに出会ったという逸話も残されています。こうして幼少期から各国の宮殿を回り演奏するモーツァルトは、ソプラノ歌手のコンスタンツェと結婚します。演奏旅行に出ることが多かったため、よくこうして手紙を書いていました。

　愛しく可愛い妻よ、頼みたいことが山ほどある。それは
  1. 憂鬱にならぬこと
  2. 体に気をつけ、春風に注意すること
  3. ひとりで外を出歩かぬこと。できれば散歩しないのが望ましい
  4. 僕の愛を信じ、疑わぬこと。愛する君の肖像画を前に置かずに書いた手紙は、これまで一通たりともない——

結婚から6年目のこの手紙でもコンスタンツェを思いやり、彼女に心配しないように伝えます。

　僕の愛を信じ、疑わぬこと。

手紙からうかがえるのは、コンスタンツェを恋い慕い、また自分のことも思ってほしい気持ち。モーツァルトは、この手紙から5年後に35歳という若さで他界しました。

第10章　幸せになるために〜愛情表現〜

君を想う
Thinking of you

君に手紙を書くことで
ぼくの体のなか全体が
暖まってくるからなんだ

I write it because it makes me warm all over inside to write it to you.

リチャード・ファインマン
亡くなった妻・アーリーンへ

Richard Feynman

物理学者　1918-1988。量子電磁力学の発展への寄与でジュリアン・シュウィンガーや朝永振一郎とともにノーベル物理学賞を受賞。素粒子の反応を図式化したファインマン・ダイアグラムの発案でも知られる。

心を慰めるのは
愛情と心の底に焼きつく姿。

リチャード・ファインマンは量子電磁力学の発展に寄与したことでノーベル物理学賞を受賞した物理学者です。原子爆弾の開発にも加わり、スペースシャトル「チャレンジャー号」爆発事故の検証も行うなど、その活躍は幅広いものでした。高校時代からつきあってきたアーリーン・グリーンバウムと結婚しますが、4年の結婚生活ののちにアーリーンは25歳で結核のため亡くなってしまいます。この手紙は、アーリーンがこの世を去ってから1年半ほどして、リチャードが彼女に宛てて書いた手紙でした。

大好きだよ、スウィートハート。こう言ってもらえるのがうれしいのはわかっている。でも、それだけの理由で書いているわけじゃない。君に手紙を書くことでぼくの体のなか全体が暖まってくるからなんだ。（中略）ぼくの最愛の妻よ、きみが大好きだ。妻を愛している。亡くなった妻を。

追伸：すまないが投函はしないよ。きみの今の住所を知らないんだ。

亡くなった妻を思いしたためたラブレターは、自分を慰めるものでもありました。リチャードは後に再婚して人生を過ごし、1988年にこの世を去ります。恋しい妻への思いがこもった手紙は、封をした状態で保管され、リチャードが亡くなってから発見されました。

もう一度幸せに
Be happy once again.

ふさわしい男性が現れ
きみを生涯にわたって
支えるというのなら
もう一度幸せになるべきだ

When the right man comes to help you in life you ought to be your happy self again.

ロバート・スコット
未亡人となる妻へ

Robert Falcon Scott
イギリス海軍軍人・南極探検家　1868－1912。1912年にノルウェーと人類史上初の南極点到達を競いながら遅れをとり、その帰路に遭難して亡くなった。ロンドンにはスコットの像が建てられている。

大切な人の幸せを願うことは
自分の心もあたためてくれるはず。

イギリスの探検家ロバート・スコットは、人類初の南極到達を目指したものの、南極点で目にしたのはノルウェーの旗。失意の中で帰路についた一行は、荒天や燃料缶の破損など不運が続き、食糧を残した地点の20km手前で10日間もテントに閉じ込められます。隊が保有する食糧は2日分。次々と仲間が衰弱して亡くなる中で、スコットは最後まで妻に向けて手紙を書いていました。

> ぼくたちは非常に苦しい状況にあり、無事生還できるかどうかわからない。短い昼食時間にかろうじて暖をとりつつ、ありうる結末を迎える準備として手紙を書くことにした。歩いていても、眠っていても、ほとんどきみのことばかりを考えている。ぼくの身に何かあったとき、これだけは知っておいてほしい。ぼくにとってきみがどれほど大切な存在かということを。きみとの楽しい思い出を胸にぼくは──。（中略）再婚についてはつまらない感傷にとらわれないでくれ。ふさわしい男性が現れ、きみを生涯にわたって支えるというのなら、もう一度幸せになるべきだ。

氷点下70度で身を守るものはテントだけ。食料も燃料もつきた中で、息子と妻に書き続けた手紙のタイトルは「ぼくの未亡人へ」。凍える身が唯一暖をとれたのが、大切な人を思いやる気持ちとこの手紙だったのかもしれません。

第10章 幸せになるために〜愛情表現〜

温かく見守る
Warmly watching over you

あなたはとても
心が乱れていた
私は床に寝そべり
あなたが眠るまで
お話をするって

You felt so disturbed.
I'll lie on the floor and talk you to sleep.

キャサリン・ヘップバーン
恋人・スペンサー・トレイシーへ

Katharine Hepburn

女優　1907－2003。映画『招かれざる客』『黄昏』など
でアカデミー賞主演女優賞を4回受賞。9作品で共演し
たスペンサー・トレイシーとは名コンビで、結婚しない
まま20年以上を共に過ごし、最期を看取った。

優しい時間を与えてあげるのは
心の痛みを癒すため。

スペンサー・トレイシーとキャサリン・ヘップバーンは、映画『女性No.1』での共演をきっかけに交際をはじめました。スペンサーは大変な自信家で気も強く、映画会社と衝突することもしばしば。役柄が助演格になったことに腹を立てて出演を拒否し、契約していた会社を解雇されたこともありました。強い気性が招いてしまう人間関係のきしみなどから、眠れないような思いを抱え、日々を過ごすことも多かったとされます。

　あなたはとても心が乱れていた。

　私は床に寝そべり、あなたが眠るまでお話をするって。

そんなスペンサーに、子供が寝付くまで見守る母親のように寄り添うキャサリンの様子がうかがえる手紙。これは生前の姿を想って、天国にいるスペンサーに向けて書いたものでした。病をおして出演した『招かれざる客』の撮影終了の半月のち、スペンサーは心臓発作でこの世を去ります。その死を看取ったのは、晩年をパートナーとして過ごしたキャサリンでした。「男が男だった時代の人だった」と言われるように、男が強くなければならない時代を生きたスペンサーと、疲れた彼を愛おしく見守り、安らぎを与えたキャサリン。優しく穏やかに傷を癒やす、ふたりの時間が感じられる手紙の一節です。

第10章　幸せになるために〜愛情表現〜

幸せはキミの中に
Happiness is within you.

幸せは キミの中にある
だから 心の鎖をはずして
自分を成長させてやるんだ

Happiness is within you....so unlock the chains from your heart and let yourself grow—

ジミ・ヘンドリックス
「リトルガール」と呼ばれた女性へ

Jimi Hendrix
ミュージシャン　1942-1970。天才ギタリストとして多くのミュージシャンに影響を与え、右利き用ギターを左利きの構えで演奏するスタイルで知られる。ウォークオブフェイムにも名を連ねるが27歳で他界。

相手の「幸せ」と「自由」を願うこと。
「好き」より強い愛情表現。

ジミ・ヘンドリックスは、ローリング・ストーン誌の選ぶ「歴史上最も偉大な100人のギタリスト」で第１位に選ばれるなど、史上最高と評されるギタリストです。右利き用のギターをさかさまにして左利きの構えで演奏するスタイルでも知られ、一方で、ギターに火を放ったり、破壊したりする派手なパフォーマンスでも有名でした。そのジミの手書きのラブレターは、リトルガールと呼んだ女性にあてたもの。

> リトルガール……幸せは、キミの中にある。だから、心の鎖をはずして、自分を成長させてやるんだ。優しく甘い花のように……僕には答えはわかっている──翼をひろげて、自分を解き放つんだ。永遠に愛している。

便箋に手書きで書かれたラブレターは、まるで詩のようです。破天荒なパフォーマンスとは裏腹に、相手を解き放ってやりたい気持ちや、あと押しするようなやさしさにあふれています。ジミは27歳のとき、ロンドンのホテル滞在中にバルビツール酸塩の過剰摂取により短い生涯を閉じました。リトルガールに関して、決まった女性の名前はあがらないものの、最後にはモニカという女性が一緒にいたようです。ビートルズやローリング・ストーンズも腕を認める伝説のミュージシャンは、わずか４年の活動でこの世を去りました。

最上級の愛情表現
The very best expression of love

あまり働きすぎないように
ゆっくりと休むようにして
お昼寝もするように！
どれもするように

Don't work too much and take it very easy.
Take a nap too! Do everything.

須賀敦子
恋人・ペッピーノへ

Atsuko Suga

随筆家・イタリア文学者　1929－1998。20代後半から30代をイタリアで過ごす。イタリア文学の翻訳者として脚光を浴び、随筆家としても注目され『ミラノ　霧の風景』で女流文学賞、講談社エッセイ賞を受賞。

愛情表現の活用形は
好き、会いたい、やがて思いやりへ。

カトリック左派の思想にもとづく社会改革をめざす共同体「コルシカ書店」。そこで、ペッピーノに出会った須賀敦子は、旅先のフィレンツェから手紙を書きます。それは、人生の道を探し求めるような思いをぶつけるものでありながら、ペッピーノを思いやる気持ちもあふれるものでした。

> ……ペッピーノ、私にはなぜ、友人たちがいうように、自分の人生を決めつけなければならないのか、何者かにならなければならないのか、わかりません。私は小さく、誰でもない人間になりたい、たいしたことなく、大きなことをいわない人間に。(中略)あなたに会えて私がどんなにしあわせか、あなたには本当にはわかってないのよ。あまり働きすぎないように、ゆっくりと休むようにして、お昼寝もするように！ どれもするように。

相手のことを思って、体をやすめてほしいと、あれもこれも心配する気持ちが、最後の「どれもするように」という言葉に集約されています。それと同時に、出会えたあなたを失いたくないという漠然とした不安と心配が、言葉の端々からにじみ出ています。恋しい人を思う気持ちは「好き」や「会いたい」という自分の思いが先に立つもの。そうした自分本位の気持ちを超えた相手への気づかいは、最上級の愛情表現です。

誰でも一度は恋をする
We all have to go through falling in love.

恋ははしかのようなもの
誰でも一度は
罹(かか)らなければならない
さらに はしかと同様
本当の恋を経験するのは
たったの一度だけである

Love is like the measles; we all have to go through it.
Also like the measles we take it only once.

ジェローム・K・ジェローム
恋に関して残した言葉

Jerome Klapka Jerome
作家 1859-1927。喜劇役者、新聞記者などを経てユーモア作家として名を馳せる。テムズ河での川遊び体験をもとに著されたユーモア旅行小説『ボートの三人男』は大ヒットし世界中で読みつがれている。

本当の恋はたった一度だけ。
経験できたら幸せです。

貧しい家庭に育ったジェロームは、10代で両親を亡くし、役者、新聞記者と、様々な職業につきました。そして、生きていくために「お世辞を尽くせ」と処世訓を学んでいきました。のちに、もっともイギリス的で穏やかなユーモア作家として活躍するようになります。けれども紳士的な微笑の奥には、苦労した生活で培った研ぎ澄まされた視点と皮肉が秘められていました。これこそが、ジェロームの作家生活を支える笑いの根底に流れる考えでした。1888年、ジェロームはジョージナ・エリザベス（エティ）と結婚します。最初の夫と9日前に離婚したばかりで連れ子もいる女性でした。いくつもの恋を経験しても、それは風邪のようなもの。何度も罹るけれど重症化はせず、軽いときもあれば、長引くときもあります。いずれも少し寝込めば終わります。でも本当の恋は、はしかと同様に一度きり。体中に消えない跡が残ります。どうやらジェロームの場合、9日前に離婚したばかりの女性から罹患してしまったようです。たった一度の本当の恋をまっとうし、最後はエティとともに、オックスフォードに灰を埋葬されました。はしかのような恋に罹ることができたなら、それはきっと、幸せなこと。

Epilogue

さまざまなラブレターを見つけては、ときには手書きの原文でその手紙を読んでみました。一文字一文字からいろんな思いがあふれ出てきて、ラブソングのように心ときめくものもあれば、切ないものもあります。すべてのラブレターや名言には、その人が生きた時代や感性が映し出され、読むごとにそのひと言が心に響きました。

今は、メールやSNSで瞬時にやりとり。嫌な気持ちは削除して、深く考えるよりもすぐに返すことが大切。手紙は"書く"よりも"打つ"というほうが正しいのかもしれません。それがあたり前の風潮の世の中に生きる私たちにとって、届くまでに時間がかかる手紙はもどかしいもの。しかも、手書きの文字はゆがんでいたり、くせがあったり、考えもまとまりきっていなくて読みにくいこともあります。

でも、たったひとつの言葉を選ぶために時間をかけ、ときには何度も書き損じて、簡単には消せない文字と思いに行きつく──。手書きは機械のようにきれいに整うとは限らないけれど、ときには飾らずに不格好なまま、気持ちを伝えるのもいいものだなと思います。

どのラブレターも名言も魅力的でしたが、私は特に内田百閒の「今夜の様な夜、気の弱くなる夜に清さんと一所に居た

い」という一節が好きでした。シンとした夜に星空が広がって、いつもは陽気な男性の孤独な思いが、恋する女性のところに飛んでいく──。そんな空間の広がりを感じます。もちろん勝手な解釈ですが、そんな風に思いを重ねたり、自分に置き換えたりするのもひとつの読みかたかと思います。さて、読者のみなさんには、どんな表現が心にとまったでしょう。
本書を執筆するにあたり、編集者の依田則子さんには、さまざまな助言をいただきました。また、英語訳の校正ではキャロル佐々木さんが言葉の背景やニュアンスにまで気を配ってくださっています。素敵なイラストをつけてくださったShapreさん、デザイナーの長坂勇司さんほかスタッフのみなさんの力で、素敵な『恋ノウタ』に仕上がりました。
今読みたいページからパラパラと読み始めてみてください。
ときめく恋、胸をつく切なさ、激しい思い、穏やかな家族の愛情……ゆったりとした時間をとって、心をリフレッシュしてくれる言葉に出会ってみてください。
そして、好きな人、大切な人にほんのひと言のメモ程度でもラブレターを書いてみてはいかがでしょう。二人の関係に何か新しい化学反応が生まれるかもしれません。

2016年初夏　上野陽子

出典・参考資料

第1章 恋焦がれて

No.01 Web: goodreads, Pablo Picasso Quotes
No.02 Web: HUFFPOST WEDDINGS, Celebrity Love Letters, Napoleon /eNCA（AFP）, Napoleon and Josephine marriage certificate up for sale
No.03 『新潮日本文学アルバム 19 太宰治』（新潮社 1983年）『太宰治全集12』（筑摩書房 1968年）
No.04 『萬葉集』鶴 久編（おうふう 1993年）万葉集巻4-658
No.05 『ラヴレターの研究』渡辺淳一（集英社文庫 2005年）『夢二の手紙』関川左木夫編（講談社 1985年）
No.06 『芥川龍之介全集 第十八巻』（岩波書店 1997年）
No.07 『LOVE LETTERS～偉人たちのラブレター～』ウルスラ・ドイル編　田内志文訳（青山出版社 2009年）『Love Letters of Great Men』（Macmillan Audio 2008）
No.08 『恋をした星の王子さま 名の明かされない女性への手紙』アントワーヌ・ド・サン＝テグジュペリ 管 啓次郎訳（くらしき絵本館 2012年）
No.09 『LOVE LETTERS～偉人たちのラブレター～』ウルスラ・ドイル編　田内志文訳（青山出版社 2009年）『Love Letters of Great Men』（Macmillan Audio 2008）
No.10 Web: brainpickings, Albert Einstein's Love Letters Web: Princeton University Press, Albert Einstein, Mileva Maric: The Love Letters, Edited by Jürgen Renn & Robert Schulmann, Translated by Shawn Smith
No.11 Web: The Romantic.com LEWIS CARROLL — October 28, 1876

第2章 恋に落ちて

No.12 Web: goodreads, Dr. Seuss Quotes
No.13 『私の万葉集 四』大岡 信（講談社文芸文庫 2015年）万葉集巻4-695　Web: 大岡信ことば館 大岡信の部屋
No.14 『世界の十大小説（上）』W.S.モーム 西川正身訳（岩波文庫 1997年）Web: TheRomantic.com, HONORE DE BALZAC-June 19, 1836
No.15 『大杉栄全集 第四巻』大杉栄全集刊行会（世界文庫 1963年）
No.16 Web: CO.DESIGN,12 Hand-Written Love Letters From Famous People, No.9: Marlon Brando Web: Letters of Note, You have something graceful and tender and feminine
No.17 『ラヴレターの研究』渡辺淳一（集英社文庫 2005年）

No.18 『恋愛論』スタンダール 大岡昇平訳（新潮社 1970年）Web: brainpickings, Stendhal on the Seven Stages of Romance and Why We Fall Out of Love: Timeless Wisdom from 1822
No.19 Bite-Size Einstein: Quotations on Just About Everything from the Greatest Mind of the Twentieth Century, Compiled by Jerry Mayer and John P.Holms（Gramercy 2003）
No.20 『斎藤茂吉・愛の手紙によせて』永井ふさ子（求龍堂 1981年）
No.21 「Don't Let Me Down」Lennon/McCartney（1969）
No.22 『LOVE LETTERS～偉人たちのラブレター～』ウルスラ・ドイル編　田内志文訳（青山出版社 2009年）『Love Letters of Great Men』（Macmillan Audio 2008）
No.23 『手紙読本』江國 滋選 日本ペンクラブ編（講談社文芸文庫 2014年）Web: 新美南吉記念館

第３章　ボディ＆ソウル

No.24 『Modern Man in Search of a Soul』（C. G. Jung 1933）Web: Wikiquote, Carl Jung
No.25 『白蓮れんれん』林 真理子（中央公論社 1994年）『ラヴレターの研究』渡辺淳一（集英社文庫 2005年）
No.26 Web: DOYLE, Frida Kahlo Love Letters Sell For $137,000 at Doyle New York, 2015
No.27 『LOVE LETTERS～偉人たちのラブレター～』ウルスラ・ドイル編　田内志文訳（青山出版社 2009年）『Love Letters of Great Men』（Macmillan Audio 2008）
No.28 『手紙読本』江國 滋選 日本ペンクラブ編（講談社文芸文庫 2014年）
No.29 『注目すべき125通の手紙 その時代に生きた人々の記憶』ショーン・アッシャー編 北川 玲訳（創元社 2014年）『Letters of Note』（Chronicle Books LLC, 2014）
No.30 『LOVE LETTERS～偉人たちのラブレター～』ウルスラ・ドイル編，田内志文訳（青山出版社 2009）『Love Letters of Great Men』（Macmillan Audio 2008）
No.31 Web: TheRomantic.com, HONORE DE BALZAC
No.32 『LOVE LETTERS～偉人たちのラブレター～』ウルスラ・ドイル編　田内志文訳（青山出版社 2009年）『Love Letters of Great Men』（Macmillan Audio 2008）

第４章　不安とやり場のない思い

No.33 『寂聴仏教塾』瀬戸内寂聴（集英社文庫 2009年）
No.34 映画『Love and Death』（1975年）ウッディ・アレン監督
No.35 The Oxford Dictionary of Proverbs（5 ed.）Edited by John Simpson and Jennifer Speake,（Oxford University Press, 2008）
No.36 『萬葉集』鶴 久編（おうふう 1993年）万葉集巻4-741
No.37 『LOVE LETTERS～偉人たちのラブレター～』ウルスラ・ドイル編　田内志文訳（青山出版

社 2009年)『Love Letters of Great Men』(Macmillan Audio 2008)

No.38『恋をした星の王子さま 名の明かされない女性への手紙』アントワーヌ・ド・サン＝テグジュペリ 管 啓次郎訳(くらしき絵本館 2012年)

No.39『LOVE LETTERS～偉人たちのラブレター～』ウルスラ・ドイル編 田内志文訳(青山出版社 2009年)『Love Letters of Great Men』(Macmillan Audio 2008)

No.40『小さな恋の万葉集』上野 誠(小学館 2005年)『萬葉集』鶴 久編(おうふう 1993年)万葉集巻4-661

No.41『手紙読本』江國 滋選 日本ペンクラブ編(講談社文芸文庫 2014年)

No.42 Web: CO.DESIGN,12 Hand-Written Love Letters From Famous PEOPLE,NO.2: FROM CHARLIE PARKER TO HIS LONG-TERM GIRLFRIEND CHAN WOODS Web: BIRD LIVES, Chan Parker Web: 日経トレンディネット×セカンドステージ 大人スタイル 永遠のジャズ！ チャーリー・パーカーに憧れ続けたサックス界不動の王者、フィル・ウッズ

No.43 Web: CO.DESIGN,12 HAND-Written Love Letters From Famous PEOPLE,NO.10: AN APOLOGY FROM 18-YEAR-OLD MICHAEL JORDAN TO HIS THEN-GIRLFRIEND LAQUETTE FOR MAKING HER "LOOK PRETTY ROTTEN"

第5章 恋のかけひき・別れ

No.44 Web: BrainyQuote,Benjamin Franklin Quotes

No.45 Web: CBS NEWS, JFK's Watch Fetches $120,000, October 18, 2005

No.46『注目すべき125通の手紙 その時代に生きた人々の記憶』ショーン・アッシャー編 北川 玲訳(創元社 2014年)『Letters of Note』(Chronicle Books LLC, 2014)

No.47 Web: goodreads, Honoré de Balzac Quotes

No.48 Web: worldfolksong.com

No.49 Web: CO.DESIGN,12 Hand-Written Love Letters From Famous People, No.11:FROM ELZIE SEGAR, THE CARTOONIST OF POPEYE, TO HIS THEN-GIRLFRIEND (FUTURE WIFE) MYRTLE JOHNSON

No.50『ベートーフェン わが不滅の恋人よ』ジークハルト・ブランデンブルク 沼屋 譲訳(日本図書刊行会 2003年)

No.51『ビジネスに効く英語の名言 名句集』森山 進(研究社 2010年)『読売新聞』ジブランの詩集「預言者」ゆかりの地 レバノン・ブシャーレ(2005年4月25日)

第6章 失恋と傷心のおくすり

No.52 戴徳・戴聖編纂『礼記』よりとされるが詳細不明

No.53 Web: goodreads, Henry David Thoreau Quotes

No.54 Web: COSMOPOLITAN, Celebrity breakup advice No.13

No.55 『注目すべき125通の手紙 その時代に生きた人々の記憶』ショーン・アッシャー編 北川 玲訳（創元社 2014年）『Letters of Note』（Chronicle Books LLC, 2014）

No.56 『文藝春秋』（2009年新年特別号特集「昭和の遺書53通」）『新潮』（1998年7月号原文資料掲載）『新潮日本文学アルバム 19 太宰治』（新潮社 1983年）『文芸思潮』（第40号「文豪の遺言 第六回 木内是壽」2011年3月）

No.57 『LOVE LETTERS～偉人たちのラブレター～』ウルスラ・ドイル編 田内志文訳（青山出版社 2009年）『Love Letters of Great Men』（Macmillan Audio 2008）

No.58 『手紙読本』江國 滋著 日本ペンクラブ編（講談社文芸文庫 2014年）

No.59 『注目すべき125通の手紙 その時代に生きた人々の記憶』ショーン・アッシャー編 北川玲訳（創元社 2014年）『Letters of Note』（Chronicle Books LLC, 2014）

No.60 『掌の小説』「化粧の天使達」『白い花』川端康成（新潮社文庫 1971年）

No.61 Web: COSMOPOLITAN, Celebrity breakup advice, Victoria Holt

No.62 Web: COSMOPOLITAN, Celebrity breakup advice, Marilyn Monroe

No.63 Web: POETRY FOUNDATION, In Memoriam A. H. H. OBIIT MDCCCXXXIII, Alfred, Lord Tennyson

第7章　伝えるカギ～告白とプロポーズ

No.64 Web: goodreads, Leo Tolstoy Quotes Web: WIKIPEDIA, Kozma Prutkov

No.65 Web: brainpickings, How Charles Eames Proposed to Ray Eames: His Disarming 1941 Handwritten Love Letter

No.66 『知と愛』ヘルマン・ヘッセ 高橋健二訳（新潮文庫 1959年）Web: goodreads, Hermann Hesse Quotes

No.67 Web: TheRomantic.com, F SCOTT FITZGERALD FROM ZELDA ― SPRING 1919

No.68 『須賀敦子全集 第8巻』（河出書房新社 2000年）『世紀のラブレター』梯 久美子（新潮新書 2008年）

No.69 Web: HUFFPOST WEDDINGS, Celebrity Love Letters, No.73

第8章　結婚と恋愛のリアル

No.70 Web: Lifehack Quotes, H. L. Mencken

No.71 『ビジネスに効く英語の名言 名句集』森山 進（研究社 2010年）『エセー 5』ミシェル・ド・モンテーニュ 宮下志朗訳（白水社 2005年）

No.72 Web: qotd.org, Thomas Fuller, M. D. quotes
No.73 Web: TIME, Top10 Famous Love Letters, Ronald Reagan to Nancy Reagan CNN, Larry King Live, What Do Ronald Reagan's Love Letters to Nancy Say About the Former President?, Aired September 9, 2000
No.74 『LOVE LETTERS〜偉人たちのラブレター〜』ウルスラ・ドイル編　田内志文訳（青山出版社 2009年）『Love Letters of Great Men』（Macmillan Audio 2008）
No.75 Web: DOYLE, Frida Kahlo Love Letters Sell For $137,000 at Doyle New York, 2015
No.76 Web: TIME ,Top10 Famous Love Letters, Winston Churchill to His Wife Clementine
No.77 『LOVE LETTERS〜偉人たちのラブレター〜』ウルスラ・ドイル編　田内志文訳（青山出版社 2009年）『Love Letters of Great Men』（Macmillan Audio 2008）
No.78 Web: TIME, Top10 Famous Love Letters, Winston Churchill to His Wife Clementine
No.79 Web: Thinkexist.com, Friedrich Nietzsche quotes
No.80 Web: goodreads, Honoré de Balzac Quotes
No.81 『ラ・ロシュフコー箴言集』ラ・ロシュフコー著　二宮フサ訳（岩波文庫 1989年）
No.82 Web: goodreads, Victor Hugo Quotes

第9章　男女の真理とラブアフェア

No.83 Web: goodreads, Mae West Quotes
No.84 Web: goodreads, Oscar Wilde Quotes
No.85 『ラヴレターの研究』渡辺淳一（集英社文庫 2005 年）
No.86 『手紙読本』江國 滋選 日本ペンクラブ編（講談社文芸文庫 2014年）
No.87 『LOVE LETTERS〜偉人たちのラブレター〜』ウルスラ・ドイル編　田内志文訳（青山出版社 2009年）『Love Letters of Great Men』（Macmillan Audio 2008）
No.88 『ラヴレターの研究』渡辺淳一（集英社文庫 2005年）
No.89 『太宰治全集12』（筑摩書房 1968年）

第10章　幸せになるために〜愛情表現

No.90 Web: goodreads, Antoine de Saint-Exupéry Quotes
No.91 Web: TIME, Top 10 Famous Love Letters, Frida Kahlo to Diego Rivera Web: HUFFPOST WEDDINGS, Celebrity Love Letters: 7 Adorable Letters From Celebrities To Their Spouses
No.92〜94 『LOVE LETTERS〜偉人たちのラブレター〜』ウルスラ・ドイル編　田内志文訳（青山出版社 2009年）『Love Letters of Great Men』（Macmillan Audio 2008）
No.95〜97 『注目すべき125通の手紙 その時代に生きた人々の記憶』ショーン・アッシャー編 北川 玲

訳（創元社 2014年）『Letters of Note』（Chronicle Books LLC, 2014）

No.98 Web: CO.DESIGN,12 Hand-Written Love Letters From Famous People, No.6: FROM JIMI HENDRIX TO A GIRLFRIEND HE CALLED "LITTLE GIRL"

No.99 『須賀敦子全集 第8巻』（河出書房新社 2000年）

No.100 Web: goodreads, Jean-Jacques Rousseau Quotes Web: Wikiquote, Jerome K. Jerome

上野 陽子 Yoko Ueno

著述・翻訳家／コミュニケーション・アナリスト。通信社・出版社を経てフリーランスに。コラム連載や媒体プロデュース、スヌーピーでお馴染み『ピーナッツ』(C.M.シュルツ)の連載翻訳ほか幅広く手がける。著書に『コトバのギフト 輝く女性の100名言』(講談社)、『映画シナリオで楽しむスター・ウォーズ』(共著 学研マーケティング)、『スティーブ・ジョブズに学ぶ英語プレゼン』(日経BP社)ほか多数。カナダ・オーストラリア留学後、ボストン大学コミュニケーション学部修士課程でジャーナリズム専攻、東北大学博士前期課程人間社会情報科学専攻修了。仕事と趣味で世界50ヵ国以上を訪れる旅好き。https://twitter.com/little_ricola

＊本書は多数の書籍・記事・サイトなどを参考にさせていただきました。国内未発表の外国の方の手紙を掲載した記事を参考にさせていただいたときには、私訳の日本語を、日本語の手紙には私訳の英語をつけさせていただきました。URLの確認時は2016年4月になります。数多くの名言を残してくださった方々、それらの言葉を報道し世に送り出してくださった各媒体のみなさまに感謝し、敬意を表します。

恋(こい)ノウタ　こころに効(き)く愛(あい)の100名言(めいげん)

2016年7月20日　第1刷発行

著　者	上野陽子(うえのようこ)
デザイン	長坂勇司
イラスト	Shapre
英文校正	Carol Jean Sasaki
編　集	依田則子
発行者	鈴木 哲
発行所	株式会社講談社

〒112-8001 東京都文京区音羽2-12-21
電話　出版 03-5395-3522
　　　販売 03-5395-4415　業務 03-5395-3615

印刷所	慶昌堂印刷株式会社
製本所	株式会社国宝社

©Yoko Ueno 2016. Printed in Japan 定価はカバーに表示してあります。落丁本・乱丁本は購入書店名を明記のうえ、小社業務あてにお送りください。送料小社負担にてお取り替えいたします。なお、この本についてのお問い合わせは第一事業局企画部あてにお願いいたします。本書のコピー、スキャン、デジタル化等の無断複製は著作権法上での例外を除き禁じられています。本書を代行業者等の第三者に依頼してスキャンやデジタル化することは、たとえ個人や家庭内の利用でも著作権法違反です。Ⓡ〈日本複製権センター委託出版物〉複写を希望される場合は、事前に日本複製権センター（電話 03-3401-2382)の許諾を得てください。ISBN978-4-06-220171-1　208p 18cm　N.D.C.780